KB206232

당신이

기도했으면

좋겠습니다

모든 기도와 간구를 하되

항상 성령 안에서 기도하고

엡 6:18

당신이
기도했으면
좋겠습니다

오늘도 변함없이

그리스도를 사랑하며
예배하는 자에게

김은호
지음

꿈미래있는

서문

〈건축탐구 집〉이라는 다큐멘터리 프로그램이 있습니다. 저마다 독특한 개성을 지닌 사람들이 집을 짓고 인테리어를 꾸미는 과정에 자기만의 이야기가 덧입혀져 있어 보는 즐거움이 있습니다. 특별히 집을 짓는 과정에서 건축가들이 가장 신중을 기하는 일 중 한 가지가 '창을 내는 일'이라고 합니다. 그 집에 거주하는 사람이 무엇을 보며 살지를 결정하는 요인이 바로 '창'이기 때문입니다.

가령 바다를 보며 살고 싶어서 바다 주변에 집을 지은 사람이 있다고 생각해 봅시다. 그런데 창이 바다가 아닌 반대편 마을을 향하고 있다면 어떨까요? 지근거리에서 파도 소리가 들리고, 바다 내음이 해풍에 실려 날아와도 바다를 보지도, 느끼지도 못한 채 답답하게 살아갈 수밖에 없습니다. 아름다운 바다를 보기 원한다면 바다를 향해 창을 내어야 합니다.

이 원리는 영적 세계에서도 동일하게 적용됩니다. 성경은 하나님의 영원하신 능력과 신성이 그가 만드신 만물에 분명히 보인다고 말합니다. 그러나 사람의 생각이 허망하여지고, 그

당신이 기도했으면 좋겠습니다

눈이 어두워져서 하나님의 영광에 이르지 못한 채 이 땅을 살아가고 있다고 말합니다. 지금도 하나님은 지으신 창조 세계에서 살아가시고, 우리 곁에서 운행하고 계십니다. 불행하게도 사람에게 하나님을 향한 창이 없어 하나님을 보지 못하는 것입니다. 하나님을 보지 못하며 사는 것, 이것이 우리 인간이 처한 가장 큰 비극입니다.

기도는 하나님과 우리 사이의 영적 창과 같습니다. 성령님께서 우리가 하나님을 만날 수 있도록 기도라는 창을 통해 일하십니다. 35년 목회 여정 속에 하나님께서 가장 치열하게 훈련시킨 것은 다름 아닌 '기도'입니다. 저에게는 기도야말로 하나님 아버지의 마음을 헤아리고, 성령님과 친밀하게 교제하며, 죽어 가는 영혼을 살게 한 가장 중요한 목회 사역이었습니다.

새벽부터 철야까지 무릎으로 버텨 가며 눈물을 쏟을 때, 주님은 언제나 제 옆에 다가오셨습니다. 그리고 십자가에 못 박힌 두 손으로 제 마음을 어루만져 주셨습니다. 더불어, 때마다 놀라운 지혜를 주시고, 세상이 줄 수 없는 평안을 주시며, 위기를 뚫고 나가는 용기를 주셨습니다. 기도의 자리에서 하나님의 마음을, 음성을, 그 따스한 손길을 느낄 때마다 아버지의 뜻을 깨달았습니다. 기도는 이처럼 하나님의 사랑을 확신하고 하나님의 하나님 되심을 고백하는 가장 거룩한 영적 DNA입니다. 저는 2기 사역을 시작한 지금도 기도의 자리에서 하나님의 일하심을 목도하고 있습니다.

이번 설교집에 그러한 마음을 담았습니다. 그리스도인들이 다른 것이 아닌 기도를 통해 하나님의 절대적인 주권을 경험하길 바랍니다. 기도하는 자들을 결코 포기하지 않으시고, 늘 곁에서 동행하시는 하나님의 안온한 품을 전하고 싶습니다. 아무런 희망을 기대할 수 없는, 마치 마른 가뭄이 지속되는 것만 같은 거친 세상 속에서 손바닥만 한 작은 구름을 일으키는 하나님의 위로하심과 위대하심을 바라보길 원합니다.

당신이 하나님의 평안 속에 거하며, 주님의 손을 꼭 붙들고 가길 바랍니다. 탄식 속에 근심하지 말고, 어둠 끝에 빛이 되어 살아가길 바랍니다. 세상이 감당할 수 없는 기도의 능력을 경험하길 바랍니다.

'당신이 기도했으면 좋겠습니다.' 온통 푸르른 생기로 가득한 이 길을, 기도를 통해 주님과 함께 걷고, 또 쉬었으면 좋겠습니다. 주와 동행하는 당신에게 그리스도의 평강과 은총이 함께하길 바랍니다.

오륜교회 설립목사
김 은 호

CONTENTS

Part 3. 탄식 속에서 근심하지 않기를

Part 4. 어둠 끝의 빛이 되기를

Part 1.

평안 속에
늘 거하기를

당신 안에 평안이 있는가?

요 20:19-21

19 이 날 곧 안식 후 첫날 저녁 때에 제자들이 유대인들을 두려
워하여 모인 곳의 문들을 닫았더니 예수께서 오사 가운데 서
서 이르시되 너희에게 평강이 있을지어다

20 이 말씀을 하시고 손과 옆구리를 보이시니 제자들이 주를 보
고 기뻐하더라

21 예수께서 또 이르시되 너희에게 평강이 있을지어다 아버지
께서 나를 보내신 것 같이 나도 너희를 보내노라

편안과 평안에 대해 생각해 본 적이 있으신가요? 얼핏 보면 비슷한 것 같지만 그 의미에는 차이가 있습니다. '편안하다'는 몸이 힘들거나 불편하지 않다는 의미로, 주로 몸의 상태와 관련이 있습니다. 한편 '평안하다'는 마음이 평화롭고 호수처럼 잔잔하다는 의미로, 마음의 상태를 말할 때 주로 사용합니다. 값비싸고 좋은 침대에 눕거나 좋은 차를 탈 때 우리의 몸이 편안함을 느낄 수는 있겠지만, 그 마음에 평안이 없고 두려움이 가득하다면 행복을 누릴 수 없을 것입니다. 세상의 좋은 것은 우리에게 편안함을 가져다줄 수 있지만, 평안, 즉 평강을 가져다주지는 못합니다. 이렇듯 하나님의 사람인 우리에게는 편안함보다는 평강이 더 중요합니다.

예수님의 관심, 평강

이 날 곧 안식 후 첫날 저녁 때에 제자들이 유대인들을 두려워하여
모인 곳의 문들을 닫았더니 예수께서 오사 가운데 서서 이르시되
너희에게 평강이 있을지어다 _요 20:19

안식 후 첫날 아침, 제자들은 막달라 마리아를 통해 예수님께서 부활하셨다는 소식을 들었고, 심지어 베드로와 요한은

예수님의 빈 무덤을 직접 보았습니다. 그럼에도 불구하고 제자들은 유대인들이 무서워 모든 문을 잠그고 꼭꼭 숨어 있었습니다. 예수님께서 부활하셨다는 소식에 기뻐하기는커녕 두려워 떨고 있었던 것입니다.

그때 예수님께서 나타나셨습니다. 예수님께서 두려움에 떨고 있는 제자들에게 가장 먼저 하신 말씀은 무엇이었을까요? 바로 "너희에게 평강이 있을지어다"(요 20:19)라고 말씀하셨습니다. 인간적으로 보면 제자들은 예수님을 배신하여 도망간 자들이기에, 예수님으로부터 비난과 책망을 받아야 마땅해 보입니다. 그런데 예수님은 비난과 책망이 아닌, 평강을 말씀하십니다. 제자들에게 자신의 부활한 몸을 보여 주신 다음 다시 한번 "너희에게 평강이 있을지어다"(요 20:21)라고 말씀하십니다. 예수님께서 두 번이나 평강에 대해 말씀하신 것을 보면, 부활하신 예수님의 가장 큰 관심이 바로 평강임을 알 수 있습니다.

세상이 줄 수 없는 평안

평안을 너희에게 끼치노니 곧 나의 평안을 너희에게 주노라

내가 너희에게 주는 것은 세상이 주는 것과 같지 아니하니라 _요 14:27a

예수님께서 반복해서 말씀하신 평강, 즉 평안은 어떤 평안을 말하는 걸까요? 바로 세상이 줄 수 없는 평안입니다. 그렇다면 예수님께서 말씀하신 이 평안은 왜 세상이 주는 것과 같지 않을까요? 이 평안은 보혜사 성령님이 주시는 평안이기 때문입니다. 보혜사 성령님은 예수님께서 십자가에 달려 죽으시고 부활하사 승천하심으로 인해 우리 안에 오셨습니다. 보혜사 성령님이 주시는 평안은 예수님의 십자가의 죽음과 부활을 통해 주어졌습니다. 세상이 줄 수 없는 평안인 것입니다. 예수님은 우리에게 이 평안을 주시기 위해 십자가에 화목제물로 돌아가셨습니다.

예수님께서 말씀하신 평안은 누구나 누릴 수 없습니다. 이 세상에서 아무리 선하게 산다고 해도 얻을 수 없습니다. 오직 죄와 죽음의 법에서 해방된 사람만이 이 평안을 누릴 수 있습니다. 따라서 구원받은 우리는 이 평안을 누릴 수 있습니다. 우리가 광야의 한복판에 있다고 해도, 왕따를 당하고 핍박을 받는 상황이라고 해도, 인생의 밤 가운데에 있을지라도 평안을 누릴 수 있습니다. 십자가의 죽으심과 부활로 인해 주어진 이 열매를 보혜사 성령님께서 우리에게 주셨기 때문입니다. 우리는 지금 평안을 누리고 있는지 스스로를 돌아보고, 보혜사 성령님께서 주신 이 열매를 기쁨으로 받고 누릴 수 있어야 합니다.

우선, 평안하라

예수께서 또 이르시되 너희에게 평강이 있을지어다

아버지께서 나를 보내신 것 같이 나도 너희를 보내노라 _요 20:21

＼

위의 말씀을 보면 예수님은 제자들을 파송하시기 전에 앞
서서 "너희에게 평강이 있을지어다"라고 말씀하십니다. 예수
님은 왜 먼저 평강에 대해 말씀하셨을까요? 두 가지 이유가 있
습니다. 첫째, 현실적으로 그들에게 필요한 것이 평강이었기
때문입니다. 제자들은 자신들을 죽이려고 하는 유대인들을 피
해 문을 걸어 잠그고 두려움에 떨고 있었습니다. 당시 제자들
에게 필요했던 것은 바로 평강이었습니다. 우리도 마찬가지입
니다. 우리에게도 현실적으로 지금 평강이 필요합니다. 성공
한 사업, 학업적 성취, 모두가 부러워하는 직장 등 좋은 환경에
있을지라도 평강이 없다면 행복할 수 없기에, 예수님은 우리
에게 평강을 주기 원하십니다.

둘째, 평안을 누리는 자만이 평안의 복음을 전할 수 있기 때
문입니다. 사도 바울은 "평안의 복음이 준비한 것으로 신을 신
고"(엡 6:15)라고 말하며, 우리가 전하는 복음이 '평안의 복음'이
라고 했습니다. 우리가 세상에 나아가 평안의 복음을 전하기
위해서는 먼저 우리가 평안의 축복을 누려야 합니다. 만약에

당신이 기도했으면 좋겠습니다

다른 사람들이 우리를 보며 '저 사람의 인생은 끝났어'라고 생각했는데, 우리가 그들에게 없는 평안을 지니고 당당한 모습으로 나타난다면 어떨까요? 매우 놀라며 평안의 이유를 묻게 될 것입니다. 그때 우리는 예수님이 주신 복음으로 인해 평안하다고 전할 수 있습니다. 하나님의 대사인 우리는 세상이 줄 수 없는 평안을 들고 세상으로 나아가야 합니다. 그래야 죽음, 내일, 실패에 대한 두려움으로 떨고 있는 사람들에게 평안의 복음을 전할 수 있습니다.

그리스도 안에서 누리는 평안

이것을 너희에게 이르는 것은

너희로 내 안에서 평안을 누리게 하려 함이라 _요 16:33a

위의 말씀은 예수님이 떠나신다는 소식을 듣고 두려워하는 제자들에게 해 주신 말씀입니다. 우리도 마찬가지입니다. 두려움에 떠는 제자들처럼, 우리도 세상 속에서 주님이 약속하신 평안을 누리지 못하며 살 때가 있습니다. 왜 우리는 평안을 누리지 못하는 걸까요? 그 이유는 우리가 그리스도 안에 거하는 삶을 살지 못하기 때문입니다. 우리는 세상 속에서 살아가며 세상과 친구가 되어 세상의 가치관으로 살아가고 있습니다. 세상을 바라볼 때 엄습하는 염려와 걱정은 두려움이 되어 우리를 찾아옵니다. 하나님의 자녀 된 우리는 세상 속에서 살지라도 그리스도 안에 거하며 성경 안에서 살아야 합니다. 우리의 육체는 세상 속에 있지만, 우리의 심령은 주님과의 친밀함 속에서 살아야 한다는 것입니다. 물론 우리는 육체를 입고 있기에 의식주를 해결하면서 살아야 합니다. 또한, 수많은 영육 간의 갈등을 맞닥뜨릴 것입니다. 하지만 "주님이라면 어떻게 하셨을까?"라는 질문을 끊임없이 던지며 주님의 뜻을 구하며 살아야 합니다. 그래야 그리스도 안에서 평안을 누리며 살 수 있습니다. 세상의 어떤 값진 것을 가졌을지라도 평안이 없으면 성공한 삶이 아닙니다. 예수님은 오늘도 우리가 이 세상에서 환난을 당할지라도 담대하게 이길 수 있도록 그리스도 안에서 평안을 누리길 원하십니다.

오늘 내게 확신이 있는가?

요 20:20-23

20 이 말씀을 하시고 손과 옆구리를 보이시니 제자들이 주를 보고 기뻐하더라

21 예수께서 또 이르시되 너희에게 평강이 있을지어다 아버지께서 나를 보내신 것 같이 나도 너희를 보내노라

22 이 말씀을 하시고 그들을 향하사 숨을 내쉬며 이르시되 성령을 받으라

23 너희가 누구의 죄든지 사하면 사하여질 것이요 누구의 죄든지 그대로 두면 그대로 있으리라 하시니라

'확신'은 굳게 믿는 마음을 말합니다. 사람들은 저마다 확신을 지니고 살아갑니다. 자신의 능력에 대한 확신, 사랑하는 사람에 대한 확신, 내가 가진 소유에 대한 확신 등을 믿고 이를 의지하여 살아갑니다. 확신을 가지고 살아가는 것은 중요하지만 모든 확신이 다 중요한 것은 아닙니다. 잘못된 확신도 있기 때문입니다. 그렇다면 우리는 어떤 확신을 가지고 나아가야 할까요?

확신을 가진 사람들

부활하신 주님은 우리를 세상에 보내셨습니다. 주님은 십자가에서 죽으시며 우리에게 평안을 주셨고, 우리에게 평안의 복음을 세상에 전하라고 명령하셨습니다. 하나님의 사람으로서 세상에 나가 평안의 복음을 전하기 위해서는 확신이 있어야 합니다. 그래야 세상의 치열한 영적 전쟁에서 승리할 수 있고 분명한 복음을 전할 수 있으며, 박해 속에서도 꺾이지 않고 나아갈 수 있습니다.

하나님의 손에 붙들려서 한 시대에 쓰임을 받았던 사람들은 확신을 지니고 있었습니다. 다윗, 다니엘과 세 친구, 사도 요한, 사도 바울이 그 예입니다.

첫째로, 다윗은 수많은 전쟁을 겪으면서 언제나 하나님께서 자신의 편이 되어 주시고, 자신을 위해 싸워 주신다는 확신이 있었습니다. 이러한 확신이 있었기에 골리앗을 향해 두려움 없이 나아갔고, 수많은 전투에서 승리할 수 있었습니다. 둘째로, 다니엘과 세 친구는 하나님께서 자신들의 인생을 책임져 주신다는 확신이 있었습니다. 이러한 확신이 있었기에 바벨론의 왕이 내린 음식과 포도주를 거절할 수 있었고, 풀무불에 던져질 상황에서도 금 신상에 절하지 않았습니다. 나아가, 사자 굴에 던져질 위기에도 전에 하던 대로 하루에 세 번 무릎을 꿇고 기도할 수 있었습니다. 분명한 확신이 있었기에 타협하지 않았던 것입니다. 셋째로, 사도 요한은 하나님께서 자신의 기도를 들으시고 반드시 응답해 주실 거라는 확신이 있었기에 넉넉하게 이기는 삶을 살았습니다. 그는 끝까지 '사랑의 사도'로서 하나님이 주신 사명을 감당했습니다. 넷째로, 사도 바울은 자신이 이방인의 사도로 부르심을 받았다는 확신, 하나님을 사랑하는 자에게는 모든 것이 합력하여 선을 이룬다는 확신, 이 세상의 그 어떤 것도 하나님의 사랑에서 끊을 수 없다는 확신이 있었기에 목숨을 걸고 이방인들에게 복음을 전하는 삶을 살았습니다.

이들의 확신에는 공통점이 있습니다. 이들은 자기에 대한 확신 또는 자신의 상황을 근거로 하는 확신이 아니라, 하나님께로 말미암은 확신을 지니고 있었다는 것입니다. 하나님은 하나님에 대한 확신과 말씀에 근거한 확신을 가지고 나아갈 때 역사하시고 책임지십니다.

하나님께로 말미암은 확신

▮부활의 확신

> 너희에게 평강이 있을지어다 이 말씀을 하시고 손과 옆구리를 보이
> 시니 제자들이 주를 보고 기뻐하더라 _요 20:19b-20
> 네 손가락을 이리 내밀어 내 손을 보고 네 손을 내밀어 내 옆구리에
> 넣어 보라 _요 20:27a

부활을 의심하는 제자들에게 예수님은 십자가에 못 박혔던 손과 창에 찔린 옆구리를 보여 주셨습니다. 그리고 의심하는 도마에게 못 박힌 손을 보여 주시고, 옆구리에 손을 넣어 보라고 하셨습니다. 예수님은 그리스도의 대사로 나아가야 하는 제자들에게 부활의 확신을 주기 위해 제자들에게 두 번이나 못 박힌 손과 창에 찔린 옆구리를 보여 주셨던 것입니다. 세상

에 나아가야 하는 우리는 예수님이 나를 위해 십자가에 달려 죽으시고, 부활하셨다는 확신을 반드시 가져야 합니다.

우리가 부활의 확신을 가져야 하는 두 가지 이유가 있습니다. 첫째, 예수님의 부활이 최고의 승리이기 때문입니다. 사도 바울은 "우리 주 예수 그리스도로 말미암아 우리에게 승리를 주시는 하나님께 감사하노니"(고전 15:57)라고 말하며, 예수님의 부활을 '승리'라고 표현하고 있습니다. 부활의 승리는 세상의 승리와는 달리 영원하고 완벽한, 최고의 승리입니다. 왜냐하면 부활은 우리 인생의 가장 큰 원수인 죽음을 이긴 것이기 때문입니다. 우리 인간은 죽음을 두려워하고 죽음 앞에서 슬퍼합니다. 죽음 앞에 정복당하지 않는 인간은 단 한 명도 없습니다. 돈이 많아도, 세상에서 큰 권세가 있어도, 병을 고치는 의사일지라도 시간의 차이만 있을 뿐 모두 죽습니다. 그런데 예수님께서 이 죽음의 권세를 깨뜨리고 부활하셨으니, 예수님의 부활이 최고의 승리인 것입니다. 그런데 여기에 놀라운 사실이 있습니다. 하나님께서 그 최고의 승리를 우리에게 주셨다는 것입니다. 하나님은 죄와 죽음을 이기신 주님의 승리가 우리의 승리가 되도록 하셨습니다. 이는 예수님의 부활을 믿고 생명을 가진 자는 죽음의 역사 가운데 있을지라도 결국 승리합니다. 그러므로 죄악으로 가득한 세상에서 평안의 복음을 전할 우리는 부활의 확신을 가지고 나아가야 합니다.

둘째, 부활의 확신이 있는 자는 어떤 상황에도 견실하며 흔들리지 않기 때문입니다. 사도 바울은 '내 사랑하는 형제들아 견실하며 흔들리지 말라'(고전 15:58)라고 말합니다. 여기서 '견실'은 헬라어로 '헤드라이오스'(ἑδραῖος)라는 단어인데, '튼튼한', '고정된', '움직일 수 없는'이라는 의미가 있습니다. 하나님은 이리 떼가 가득한 이 세상에서 어떤 상황이 올지라도 우리가 견고하여 흔들리지 않고 당당하게 살아가기를 원하십니다. 그러나 우리는 악인의 형통함, 교회에 대한 비판, 이중적인 삶을 사는 성도의 모습 등을 보면서 끊임없이 흔들립니다. 그러나 부활의 신앙을 가진 자는 인생의 가장 큰 원수인 죽음을 정복한 자들이기 때문에 흔들리지 않습니다. 우리는 주님께서 내 죄를 위해 십자가에서 죽으시고, 사망의 권세를 이기고 부활하셨다는 확신을 가지고 흔들림 없이 나아가야 합니다.

▌사죄의 확신

> 너희가 누구의 죄든지 사하면 사하여질 것이요 누구의 죄든지 그대로 두면 그대로 있으리라 하시니라 _요 20:23

세상을 향해 보냄받은 우리가 가져야 할 확신, 즉 하나님께로 말미암은 두 번째 확신은 '사죄의 확신'입니다. 부활하신 주님은 "너희가 누구의 죄든지 사하면 사하여질 것이요 누구의 죄든지 그대로 두면 그대로 있으리라"(요 20:23)라고 하시며, 세상을 향해 나아가는 우리에게 죄를 사하는 권세를 주셨습니다. 이는 하나님께서 우리에게 스스로의 힘으로 사람의 죄를 용서할 수 있는 권세를 주셨음을 의미하는 것이 아닙니다.

그렇다면 요한복음 20장 23절에서 말하는 '죄를 사하는 권세'는 무엇을 의미할까요? 베드로는 고넬료의 집에서 '그를 믿는 사람들이 다 그의 이름을 힘입어 죄 사함을 받는다'(행 10:43)라고 말했습니다. 베드로는 죄 사함을 받기 위해서는 '그'의 이름을 힘입어야 한다고 했는데, 여기서 '그'는 예수 그리스도를 말합니다. 죄 사함을 받기 위해서는 예수의 이름을 힘입어야 한다는 의미입니다. 보냄받은 그리스도의 대사가 예수님의 십자가 복음을 전해서 누군가가 그 복음을 믿고 회개한다면, 그가 하나님께 죄를 용서받는다는 의미입니다. 그러므로 세상으로 보냄받은 우리는 복음을 계속해서 선포해야 합니다. 복음을 끊임없이 선포해야 사람들이 예수님을 믿고 하나님의 자녀가 될 수 있는 특권을 얻을 수 있기 때문입니다.

세상 사람들이 죄 사함을 받을 수 있느냐, 없느냐의 문제는 십자가 복음을 전하는 우리와 직결되어 있습니다. "누구의 죄든지 그대로 두면 그대로 있으리라"(요 20:23)는 말씀처럼 우리가 복음을 전하지 않는다면 세상 사람들은 죄를 용서받지 못하고 죄 아래 있게 될 것입니다. 우리는 사랑하는 사람들을 그대로 두어서는 안 됩니다. 그 사람들의 영혼을 그대로 둔다면, 그들은 결국 영원한 지옥에 던져져 영원한 고통 속에서 이를 갈게 될 것입니다. 하나님은 우리의 가족, 이웃, 동료들의 죄 사함을 위해 우리를 이 세상에 보내셨습니다. 우리는 그들이 예수님의 십자가 복음으로 죄 사함을 받을 수 있도록 품고 기도해야 할 것입니다.

주님은 "내가 천국 열쇠를 네게 주리니 네가 땅에서 무엇이든지 매면 하늘에서도 매일 것이요 네가 땅에서 무엇이든지 풀면 하늘에서도 풀리리라"(마 16:19)라고 하시며, 베드로에게 '천국의 열쇠'에 대해서 말씀하십니다. 이는 곧 죄 사함의 권세를 말합니다. 우리가 성령의 힘을 입어 복음을 전할 때 더러운 권세들이 묶임을 받고 떠날 것입니다. 그리고 복음을 받아들인 자는 죽음의 권세에서 해방되고, 흉악의 결박에서 풀려나며, 하나님의 진노에서 해방될 것입니다. 이 엄청난 권세와 특권을 바로 우리에게 주셨습니다. 우리는 하나님께서 주신 천국의 열쇠를 들고 세상으로 나아가야 합니다. 부활의 확신과 사죄의 확신을 가지고 나아가서 주님의 복음을 전해야 합니다.

세 가지 축복

엡 6:23-24

23 아버지 하나님과 주 예수 그리스도께로부터 평안과 믿음을 겸한 사랑이 형제들에게 있을지어다

24 우리 주 예수 그리스도를 변함 없이 사랑하는 모든 자에게 은혜가 있을지어다

바울의 세 가지 축복

▌주님이 약속하신 평안

> 아버지 하나님과 주 예수 그리스도께로부터 평안과 믿음을 겸한 사
> 랑이 형제들에게 있을지어다 _엡 6:23

사도 바울은 에베소 교회에 평안이 있기를 기도했습니다. 평안은 히브리어로 '샬롬'(שָׁלוֹם), 헬라어로는 '에이레네'(εἰρήνη)인데, 이는 불안이나 두려움이 없는 안정된 마음 상태를 의미합니다. 세상에서 인간들은 불안과 두려움 안에서 살아갑니다. "내가 동산에서 하나님의 소리를 듣고 내가 벗었으므로 두려워하여 숨었나이다"(창 3:10)라는 성경 말씀을 보면, 아담이 죄를 짓고 난 후 가장 먼저 느낀 감정이 두려움이었음을 알 수 있습니다. 이는 인간이 죄를 지어 하나님과 멀어졌기 때문에, 인간 세계에 불안과 두려움이 임했음을 말해 줍니다. 그래서 하나님과의 관계 회복은 우리 안의 불안과 두려움을 물리칠 수 있는 유일한 방법입니다. 우리는 사람과 관계가 좋지 않을 때도 평안을 누리지 못하는데, 하물며 우리를 창조하신 절대자 하나님과 관계가 깨어져 원수로 지내는 상황이라면 마음에 평

안을 누리지 못하는 것이 당연합니다. 그러므로 진정한 평안을 누리고 싶다면 하나님과의 관계를 회복하여 죄와 죽음의 문제를 해결 받아야 합니다.

예수 그리스도는 죄와 죽음의 문제를 해결하여 세상이 줄 수 없는 평안을 우리에게 주시기 위해 십자가에서 화목제물로 죽으셨습니다. 예수님은 "평안을 너희에게 끼치노니 곧 나의 평안을 너희에게 주노라 내가 너희에게 주는 것은 세상이 주는 것과 같지 아니하리라"(요 14:27)라고 말씀하시며, 진정한 평안이 세상의 부요함, 좋은 환경 등으로부터 얻을 수 없는 것임을 가르치셨습니다. 그래서 사도 바울은 에베소 교회 성도에게 아버지 하나님과 주 예수 그리스도께로부터 오는 평안이 있기를 축복한 것입니다. 진정한 평안은 오직 아버지 하나님과 그 아들 예수 그리스도를 통해서 주어집니다. 예수를 믿어 주님 안에 거하는 자만이 세상이 줄 수 없는 평안을 누릴 수 있는 것입니다.

세상이 주는 평안은 삶에 문제가 없고 잔잔할 때만 누릴 수 있는 평안이지만, 우리 주님이 주시는 평안은 인생의 폭풍 가운데서도 누릴 수 있습니다. 마태복음 8장 24절을 보면 "바다에 큰 놀이 일어나 배가 물결에 덮이게 되었으되 예수께서는 주무시는지라"라고 기록되어 있습니다. 이는 세상의 어떤 풍랑도 주님 안에 있는 평안을 깨뜨릴 수 없음을 보여 줍니다. 주님은 세상 그 무엇도 깨뜨릴 수 없는 평안을 우리에게도 주시길 원하십니다. 인생의 밤 가운데서도, 바울과 실라처럼 감옥에 갇혀 있을 때도 누릴 수 있는 주님의 평안을 말입니다.

주님은 세상의 어떤 것도 빼앗아 갈 수 없는 평안을 우리에게 약속하셨고, 우리가 그 평안을 누리며 살길 원하십니다. 예수님은 자신을 버리고 떠날 제자들에게 "이것을 너희에게 이르는 것은 너희로 내 안에서 평안을 누리게 하려 함이라 세상에서는 너희가 환란을 당하나 담대하라 내가 세상을 이기었노라"(요 16:33)라고 말씀하시며, 평안을 누리라고 하셨습니다. 이때 중요한 것은 평안의 축복은 '내 안', 즉 주님 안에 거할 때 누릴 수 있다는 것입니다. 우리에게도 풍랑이 다가오는 순간이 있겠지만 우리가 주님 안에 거하고 있다면 풍랑 앞에서 두려워 떨지 않고 참된 평안을 누릴 수 있을 것입니다.

구약 시대의 제사장은 "여호와는 그 얼굴을 네게로 향하여 드사 평강 주시기를 원하노라"(민 6:26)라고 말하였고, 부활하신 예수님은 "너희에게 평강이 있을지어다"(요 20:19, 21, 26)라고 말씀하셨으며, 신약의 사도들은 "이스라엘에게 평강과 긍휼이 있을지어다"(갈 6:16)라고 말하며 우리의 인생에 있어서 평안이 중요하다는 것을 알려 주고 있습니다. 하나님의 사람으로 세상에 보냄받은 우리에게 지금 필요한 것은 돈도, 명예도 아닌 주님께서 주시는 평안입니다. 그래서 사도 바울은 에베소 교회 성도를 축복하며 가장 먼저 평안이 있기를 기도했던 것입니다.

▌믿음을 겸한 사랑

> 아버지 하나님과 주 예수 그리스도께로부터 평안과 믿음을 겸한 사랑이 형제들에게 있을지어다 _엡 6:23

사도 바울은 에베소 교회에 믿음이 겸한 사랑이 있기를 축복했습니다. 사도 바울이 사랑이 있기를 축복한 것은, 신앙생활의 모든 동기가 사랑이어야 하기 때문입니다. 주님은 사명을 잃고 예전 삶의 터전인 갈릴리 바닷가로 돌아간 베드로를 찾아가서 "요한의 아들 시몬아 네가 나를 사랑하느냐"(요 21:15-17)라고 세 번이나 물으셨습니다. 주님께서 베드로에게 사랑을 확인하신 것은 "내가 주님을 사랑하는 줄 주님께서 아시나이다"(요 21:15-17)라는 베드로의 고백을 통해 베드로의 실추된 사도로서의 지위를 회복시키고, 베드로가 확신을 가지고 사람을 낚는 어부로서의 사명을 감당할 수 있게 하기 위함이었습니다. 또한 주님께서 맡기신 사명의 동기가 바로 사랑임을 베드로에게 가르쳐 주고 싶으셨던 것입니다.

세상 사람들은 일의 동기보다 결과를 중요하게 생각하지

만, 주님은 결과보다 동기를 중요하게 생각하십니다. 또한 세상의 일은 얼마든지 우리의 열심을 통해서 해낼 수 있지만, 주님의 일은 주님을 향한 사랑 없이 할 수 없습니다. 사랑이 없이 종교적 의무감으로 하는 신앙생활은 생명력이 없기 때문에 쉽게 지치고 맙니다. 밤을 새워 기도하는 것, 십자가를 지고 가시밭을 기쁨으로 달려가는 것, 사모하는 마음으로 예배의 자리에 나아오는 것, 주일학교 교사와 주차위원으로 섬기는 것, 선교사로 나아가는 것 등 모두가 주님을 사랑해야 할 수 있는 주님의 일입니다.

사도 바울은 에베소 교회 성도에게 단순한 사랑이 아닌, "믿음을 겸한 사랑"이 있기를 기도했습니다. 이는 믿음에 바탕을 둔 사랑이어야 사랑할 수 없는 사람도 지속적으로 사랑할 수 있기 때문입니다. 주님의 말씀처럼 주님을 지속적으로 사랑하고, 원수를 사랑하는 것은 쉬운 일이 아니기에 우리에게는 믿음이 필요합니다. 믿음이 있어야 속옷을 달라는 사람에게 겉옷까지 벗어 주고, 억지로 오 리를 가게 하는 자와 십 리를 동행할 수 있으며, 오른쪽 뺨을 때린 사람에게 왼쪽 뺨을 돌려 댈 수 있습니다. 그래서 사도 바울은 에베소 교회의 성도에게 믿음을 겸한 사랑이 있기를 기도했던 것입니다.

▌변함없는 주님의 은혜

우리 주 예수 그리스도를 변함 없이 사랑하는 모든 자에게 은혜가
있을지어다 _엡 6:24

사도 바울은 마지막으로 모든 자에게 은혜가 있기를 축복
했습니다. 은혜는 값없이 베풀어 주시는 하나님의 호의와 사
랑을 말합니다. 하나님 아버지께서 예수 그리스도를 통해 주
시는 평안과 믿음을 겸한 사랑도 은혜이고, 우리가 구원받아
하루하루를 살아가는 것도 은혜입니다. 우리는 바울의 축도가
"우리 주 예수 그리스도를 변함없이 사랑하는 모든 자에게"로
향하고 있음에 주목해야 합니다. 에베소 교회 성도뿐 아니라
예수 그리스도를 사랑하는 모든 자에게 하나님의 은혜가 있기
를 축복한 것을 보면, 바울은 이미 구원받은 자들에게 베푸시
는 주님의 은혜를 구하고 있음을 알 수 있습니다. 이때 사도 바
울은 "변함없이 사랑하는 모든 자에게"라고 말합니다. 변함없
이 사랑한다는 것은 어떠한 조건과 상황에 상관없이 흔들리지
않고 처음과 같이 사랑하는 것을 의미합니다. 사도 바울이 주
예수 그리스도를 변함없이 사랑하는 모든 자에게 은혜를 축복
한다는 것은 우리가 변함없이 주님을 사랑해야 함을 강조하는
것이기도 합니다.

우리를 향한 주님의 사랑은 변함이 없습니다. 그래서 예레미야는 하나님의 사랑을 "영원한 사랑"(렘 31:3)이라고 표현했습니다. 요한복음 13장 1절 말씀을 보면, 주님의 변함없는 사랑을 느낄 수 있습니다. "유월절 전에 예수께서 자기가 세상을 떠나 아버지께로 돌아가실 때가 이른 줄 아시고 세상에 있는 자기 사람들을 사랑하시되 끝까지 사랑하시니라"라는 말씀을 통해 주님께서 자신의 제자를 끝까지 사랑하셨음을 알 수 있습니다. 이때는 예수님께서 인류의 죄를 대신 짊어지고 십자가 위에서 피 흘려 죽어야 하는 일을 앞두고 계셨고, 최후의 만찬 석상에 앉아 있는 제자들이 자신을 배신하고 떠나갈 것을 알고 계셨던 상황이었습니다. 다시 말해, 주님은 제자들을 사랑할 만한 상황 가운데 계시지 않았습니다. 그러나 주님은 결코 사랑할 수 없는 제자들을 끝까지 사랑하셨습니다. 이것이 우리를 향한 하나님의 끝없는 사랑입니다.

사도 바울은 하나님의 사랑에 대해 두 가지 확신이 있었습니다. 첫째, 하나님의 사랑에서 우리를 끊을 수 있는 것이 아무것도 없다는 확신입니다. "내가 확신하노니 사망이나 생명이나 천사들이나 권세자들이나 현재 일이나 장래 일이나 능력이나 높음이나 깊음이나 다른 어떤 피조물이라도 우리를 우리 주 그리스도 예수 안에 있는 하나님의 사랑에서 끊을 수 없으리라"(롬 8:38-39)라는 말씀에서 바울의 확신을 확인할 수 있습니다. 둘째, 사도 바울은 하나님의 사랑 때문에 넉넉히 승리한 다는 확신을 지니고 있었습니다. "그러나 이 모든 일에 우리를 사랑하시는 이로 말미암아 우리가 넉넉히 이기느니라"(롬 8:37) 라는 말씀에서 볼 수 있듯이 바울은 하나님의 완전한 사랑을 신뢰했습니다.

그런데 우리는 하나님을 변함없이 사랑하고 있을까요? 우리를 향한 하나님의 사랑은 변함이 없는데, 하나님을 향한 우리의 사랑은 수시로 변합니다. 우리는 주님보다 자신을, 주님 보다 이 세상을 더 사랑하기도 합니다. 하나님을 변함없이 사랑하지 못할 때가 많습니다. 이 세상의 모든 것은 낙엽처럼 떨어져 썩어집니다. 그러나 주님의 사랑만은 영원합니다. 우리의 인생에 풍랑이 닥쳐오고 이해할 수 없는 일들이 일어날지라도 주님을 변함없이 사랑해야 합니다. 그리고 믿음 안에서 주님의 몸 된 교회와 우리의 가족, 주변의 이웃들을 변함없이 사랑해야 합니다. 사람이 죽을 때 인간관계와 사랑에 대한 후회를 가장 많이 한다고 합니다. 우리는 후회 없는 죽음을 맞이하기 위해서라도 주님과 내 곁에 있는 사람들을 변함없이 끝까지 사랑해야 합니다.

앞서가시는 하나님

신 1:29-30, 33

29 내가 너희에게 말하기를 그들을 무서워하지 말라 두려워하
지 말라

30 너희보다 먼저 가시는 너희의 하나님 여호와께서 애굽에서
너희를 위하여 너희 목전에서 모든 일을 행하신 것 같이 이
제도 너희를 위하여 싸우실 것이며

…

33 그는 너희보다 먼저 그 길을 가시며 장막 칠 곳을 찾으시고
밤에는 불로, 낮에는 구름으로 너희가 갈 길을 지시하신 자
이시니라

사람은 미래에 대한 막연한 불안감을 지니고 살아갑니다. 그래서 많은 사람이 새해가 되면 무속인을 찾아가서 운세를 물어보거나, 인터넷으로 점을 보기도 합니다. 문제는 통계상으로 10명 중 3명의 기독교인이 무속인을 찾아가서 자신의 운세를 묻는다는 것입니다. 성경에는 "접신한 자와 박수무당을 음란하게 따르는 자에게는 내가 진노하여 그를 그의 백성 중에서 끊으리니"(레 20:6)라고 기록되어 있습니다. 또한 "너는 무당을 살려두지 말라"(출 22:18), "너희는 신접한 자와 박수를 믿지 말며 그들을 추종하여 스스로 더럽히지 말라 나는 너희 하나님 여호와이니라"(레 19:31)라고 기록되어 있습니다. 하나님은 무속인을 찾는 행위를 분명히 금하셨습니다. 사울도 이와 같은 죄를 지었습니다. 사울은 하나님으로부터 왕으로 세움을 받은 후, 처음에는 신접한 자와 박수를 이스라엘 땅에서 내쫓았습니다. 그러나 나중에 블레셋 군대가 쳐들어오자 두려움에 빠져 변장을 하고 신접한 여인을 찾아갔습니다. 사울의 이러한 행동은 하나님께 버림을 받은 이유 중 하나가 되고 말았습니다. 그러므로 하나님의 사람인 우리는 다가올 미래가 불안하게 느껴지고 두려울 때, 무속인을 찾는 것이 아니라 끝까지 하나님을 신뢰하고 말씀을 따라 살아야 할 것입니다.

두려워하지 말라

내가 너희에게 말하기를 그들을 무서워하지 말라

두려워하지 말라 _신 1:29

＼

가나안 정복을 앞둔 이스라엘 백성에게 모세는 "무서워하지 말라, 두려워하지 말라"라고 말합니다. 이스라엘 백성이 가나안 족속을 두려워하고 있었기 때문입니다. 이스라엘 백성은 가나안 땅을 정탐하고 돌아온 정탐꾼들의 보고를 받았습니다. 12명의 정탐꾼 중 10명은 이렇게 고백했습니다. "그 백성은 우리보다 장대하며 그 성읍들은 크고 성곽은 하늘에 닿았으며 우리가 또 거기서 아낙 자손을 보았노라"(신 1:28) "우리는 스스로 보기에도 메뚜기 같으니 그들이 보기에도 그와 같았을 것이니라"(민 13:33). 보고를 들은 이스라엘 백성은 "여호와께서 우리를 미워하시므로 아모리 족속의 손에 넘겨 멸하시려고 우리를 애굽 땅에서 인도하여 내셨도다"(신 1:27)라고 말하며 하나님을 원망하고, 자신들이 처한 현실을 두려워했습니다.

하나님께서 정탐꾼을 가나안 땅에 들여보내서 거대한 성읍과 키가 큰 아낙 자손을 보게 하신 것은 이스라엘 백성을 두려움에 빠트리기 위함이 아니라, 하나님을 더욱 의지하게 하기 위함이었습니다. 하나님의 뜻을 알지 못한 이스라엘 백성은 정탐꾼들의 보고를 받은 후 두려워 떨기 시작했습니다. 그들은 눈에 보이는 상황만을 보고 하나님은 보지 못했습니다. 하나님을 신뢰하지 않고 하나님의 약속을 잊어 버렸기 때문에 두려움에 빠진 것입니다. 우리도 마찬가지입니다. 우리도 하나님의 약속을 붙잡지 않고 하나님을 신뢰하지 않을 때 작은 문제 앞에서도 쉽게 무너집니다. 그래서 우리는 하나님이 어떤 분이신지를 잘 알고 하나님께서 약속하신 말씀을 붙들고 신뢰해야 합니다.

앞서가시는 하나님

너희보다 먼저 가시는 너희의 하나님 여호와께서 _ 신 1:30a

모세는 두려움에 빠져 있는 이스라엘 백성에게 앞서가시는 하나님에 대해 이야기합니다. 하나님은 이스라엘 백성을 애굽에서 구원해 내신 다음 가나안 땅에 대한 비전과 약속을 주고 멀리서 지켜보시기만 한 것이 아니라, 앞서 행하시며 직접 인도하셨습니다. 신명기 1장 30절의 "먼저 가시는"을 원어로 살펴보면 능동분사형의 동사입니다. 이는 하나님의 일하심이 계속해서 이어짐을 나타냅니다. 따라서, 하나님이 과거뿐만 아니라 지금도, 앞으로도 우리보다 앞서가신다는 의미가 담겨 있습니다. 그러므로 우리는 우리의 인생을 앞서가서 인도하시는 하나님을 바라보며 따라가야 합니다.

> 하나님이여 주의 백성 앞에서 앞서 나가사 광야에서 행진하셨을 때에 _시 68:7
>
> 내가 너보다 앞서 가서 험한 곳을 평탄하게 하며 놋문을 쳐서 부수며 쇠빗장을 꺾고 _사 45:2
>
> 여호와께서 이미 말씀하신 것과 같이 네 하나님 여호와께서 너보다 먼저 건너가사 이 민족들을 네 앞에서 멸하시고 네가 그 땅을 차지하게 할 것이며 _신 31:3a

위의 말씀들은 모두 앞서 행하시는 하나님에 대해 언급하고 있습니다. 우리 하나님은 뒤에서 지켜보기만 하시는 분이 아니라, 우리보다 앞서 행하시는 하나님이십니다. 사탄은 우리를 뒤에서 몰아붙이며 조급하고 두렵게 만들지만, 주님은 우리와 함께하시며 우리보다 앞서가십니다. 그래서 모세는 이스라엘 백성에게 "여호와 그가 네 앞에서 가시며 너와 함께 하사 너를 떠나지 아니하시며 버리지 아니하시리니 너는 두려워하지 말라 놀라지 말라"(신 31:8)라고 말했던 것입니다.

앞서가시는 이유

█ 인도하시기 위해

> 그는 너희보다 먼저 그 길을 가시며 장막 칠 곳을 찾으시고 밤에는 불
> 로, 낮에는 구름으로 너희가 갈 길을 지시하신 자이시니라 _신 1:33

하나님은 이스라엘 백성을 광야에서 낮에는 구름 기둥으
로, 밤에는 불 기둥으로 인도하셨고, 장막 칠 곳을 찾으시는 등
그들의 갈 길을 예비하셨습니다. 민수기 9장을 보면 하나님께
서 준비하신 구름 기둥이 성막 위로 올라갈 때가 있고 성막 위
에 머무를 때가 있었는데, 이스라엘 백성은 구름이 성막 위로
올라갈 때는 길을 갔고 머무르는 때에는 길을 가지 않고 머물
렀습니다. 길이 없는 광야에서 구름의 인도를 받은 것입니다.
이렇게 하나님은 앞서가시며 구름 기둥과 불 기둥으로 이스라
엘 백성을 인도해 주셨습니다.

▎싸우시기 위해

> 너희보다 먼저 가시는 너희의 하나님 여호와께서 애굽에서 너희를
> 위하여 너희 목전에서 모든 일을 행하신 것 같이 이제도 너희를 위
> 하여 싸우실 것이며 _신 1:30

위의 말씀에서 모세는 하나님 여호와께서 '너희'를 위하여 싸우실 것이라고 말하고 있습니다. 이때 '너희'는 하나님 말씀에 순종하여 나아가는 자입니다. 우리가 하나님을 신뢰하며 말씀에 순종하여 나아갈 때 하나님은 우리보다 앞서 인도하시며 우리를 위하여 싸워 주십니다. 그리고 여호수아가 세상을 떠나기 전에 "여호와께서 또 모든 백성들과 이 땅에 거주하던 아모리 족속을 우리 앞에서 쫓아내셨음이라"(수 24:18)라고 말한 것으로 보아, 하나님께서는 싸우실 것을 약속만 하신 것이 아니라, 실제로 싸우시고 여리고성을 무너지게 하셨으며 승리하게 하셨음을 알 수 있습니다.

하나님은 다윗이 골리앗을 향하여 나갈 때 골리앗을 무너뜨려 주셨고, 블레셋 전쟁에서도 앞서 나아가 승리하게 하셨습니다. 오늘 우리에게도 마찬가지입니다. 우리가 영적 싸움을 할 때 주님은 항상 앞서 나가 싸워 승리하게 도우십니다. 그러므로 우리는 두려워하지 말고 당당하게 발걸음을 내디뎌야

할 것입니다.

하나님은 이스라엘 백성을 광야의 길에서 인도하시고 마침 내 약속하신 가나안 땅에 들어가게 하셨습니다. 출애굽기 23장 20절에서는 "내가 사자를 네 앞서 보내어 길에서 너를 보호하여 너를 내가 예비한 곳에 이르게 하리니"라고 하며, '예비한 곳', 즉 가나안 땅에 이를 때까지 이스라엘을 보호할 것이라고 약속하셨습니다. 그리고 이 약속은 성취되었습니다. 그렇다면 오늘 주님이 우리에게 예비하신 곳은 어디일까요? 바로 천국입니다. 하나님은 우리가 광야의 인생길을 걸어갈 때뿐만 아니라, 마침내 하나님이 예비하신 천국에 들어갈 때까지 우리를 보호하시고 인도하십니다. 우리만 변하지 않고 하나님께 순종한다면, 우리가 인생을 마치는 날까지 하나님은 우리를 인도하시기를 원하십니다. 그날까지 앞서 행하시는 하나님과 동행하기를 소망합니다.

안아 주시는 하나님

신 1:31-32

31 광야에서도 너희가 당하였거니와 사람이 자기의 아들을 안
   는 것 같이 너희의 하나님 여호와께서 너희가 걸어온 길에서
   너희를 안으사 이 곳까지 이르게 하셨느니라 하나
32 이 일에 너희가 너희의 하나님 여호와를 믿지 아니하였도다
33 그는 너희보다 먼저 그 길을 가시며 장막 칠 곳을 찾으시고
   밤에는 불로, 낮에는 구름으로 너희가 갈 길을 지시하신 자
   이시니라

오늘 본문에서 모세는 이스라엘 백성에게 '하나님께서 출애굽부터 지금까지 너희를 안고 이곳에 오셨다'라고 말합니다. 광야는 길도, 물도 없는 곳이고 농사를 지을 수 없는 척박한 땅입니다. 그리고 낮과 밤의 기온 차이가 크며, 뱀과 전갈이 많아 위험하기도 합니다. 하루도 마음 편하게 지낼 수 없는 곳입니다. 하나님은 이렇게 거친 광야를 걸어가는 이스라엘 백성에게 눈을 떼신 적이 없습니다. 앞서가며 싸워 주셨고, 장막칠 곳을 예비하셨으며, 낮에는 구름 기둥으로 밤에는 불 기둥으로 인도해 주셨습니다. 또한 하늘에서 만나와 메추라기를 내려 먹이시고, 반석에서 물을 내셔서 마실 수 있게 하셨으며, 40년 동안이나 옷과 신발이 상하지 않게 하셨습니다. 이스라엘 백성은 광야에서 보낸 40년 동안 하나님 품 안에서 풍성한 은혜를 누렸던 것입니다. 너무 괴롭고 긴 여정이었지만, 가장 완전한 은혜를 경험했습니다. 모세는 이러한 하나님의 은혜를 하나님의 안아 주심으로 표현하고 있습니다.

예수님의 발자국

어떤 사람이 하늘나라에 가서 예수님을 만나 대화를 나누며 자신의 인생을 돌아봤습니다. 인생에서 행복했던 시기의 자신을 돌아보았는데, 자신의 발자국 주변에 언제나 또 다른 하나의 발자국이 있는 것을 발견했습니다. 그는 이 발자국이 함께해 주신 예수님의 발자국임을 믿고 예수님께 감사했습니다. 그리고 이번에는 인생에서 가장 힘들었던 시기의 모습을 돌아보았습니다. 마치 사막과 같은 황폐한 곳에 자신이 서 있었습니다. 그런데 이 사막에는 단 하나의 발자국만 찍혀 있었습니다. 서운한 마음이 들었던 그는 예수님께 물었습니다.

"주님, 왜 제가 가장 힘들었던 순간에 저와 함께해 주지 않으셨나요?"

그러자 예수님은 빙그레 웃으면서 대답하셨습니다.

"나는 언제나 너와 함께 했단다."

그는 다시 주변을 둘러보았지만 여전히 발자국은 하나밖에 없었습니다. 그때 예수님께서 다정하게 물으셨습니다.

"이 발자국을 다시 보렴. 다른 곳의 발자국과 다른 점이 있지 않니?"

천천히 비교해 보니, 다른 발자국에 비해 사막 길의 발자국은 깊게 찍혀 있었습니다. 그는 원망스러운 마음에 볼멘소리로 대답했습니다.

"주님, 제가 짊어졌던 짐이 너무 무거워서인지 다른 발자국에 비해 깊게 파여 있네요!"

그때 예수님께서 미소를 지으며 이렇게 말씀하셨습니다.

당신이 기도했으면 좋겠습니다

"그건 바로 내가 널 안고서 걸었기 때문이란다."

이 예화는 우리가 익히 들은 이야기이지만, 들을 때마다 깊은 울림이 있습니다. 길고 긴 광야 사막 길에 발자국이 없는 이유는 주님께서 우리를 안고 걸으셨기 때문입니다. 하나님은 우리를 안고 걸어오셔서 우리가 지금 이 자리에 이를 수 있도록 하셨습니다.

아들을 안는 것 같이

사람이 자기의 아들을 안는 것 같이 너희의 하나님 여호와께서

너희가 걸어온 길에서 너희를 안으사 _신 1:31b

위 말씀은 아들을 안는 어머니의 모습을 통해 하나님을 표현하고 있습니다. 자식은 어릴 때 어머니 곁에서 많은 시간을 보내며 자랍니다. 어머니 품에서 잠이 들고, 무서운 일이 생기면 "엄마야!"라고 외치며 어머니의 품을 찾습니다. 어린아이에게는 어머니의 품이 꼭 필요합니다. 그런데 지금 우리가 사는 세상은 어머니의 품이 점점 사라져 가는 것 같습니다. 입시 위주의 교육, 산업사회, 인터넷 게임, 스마트폰이 어머니의 품을 사라지게 만들고 있습니다. 그래서인지 사회는 점점 각박해

지는 것만 같습니다. 학자들의 말에 의하면, 어린 시절 어머니와 친밀하게 접촉하며 자란 아이가 그렇지 않은 아이보다 지능이 더 발달하고, 육체적으로 더 건강하며, 정서적으로도 안정되어 있다고 합니다. 그래서 몇 년 전 미국의 정신 신체학회에서는 "안아 주면 건강해진다"라는 슬로건을 걸고 '안아 주기운동'을 했다고 합니다. 이때 안아 준다는 것은 단지 신체적인 접촉만을 의미하는 것이 아닙니다. 사랑받고 인정받는 느낌, 즉 혼자가 아니라는 것을 느끼게 해 주는 행위를 말합니다. 이와 관련하여 영국의 소아정신과 의사인 도날드 위니콧(Donald Winnicott)은 유아가 태어나서 성숙한 인간으로 성장해 갈 수 있는 적절한 환경을 '안아 주는 환경'이라고 언급했습니다.

사랑하는 사람의 품에 안기기만 해도 이렇게 정서적으로 안정되는데 하물며 사랑의 본체이신 하나님의 품에 안기어 사는 사람은 얼마나 안정되고 행복할까요? 하나님은 사람이 자기의 아들을 안는 것처럼 우리를 안으시고 광야의 길을 걸어가십니다. 인생의 광야 길은 하나님의 보호하심 없이는 단 한 순간도 걸을 수 없는 곳입니다. 우리의 힘과 경험, 능력으로 광야를 건너겠다는 것은 교만입니다. 우리는 어린아이처럼 하나님의 품에 안겨 광야를 걸어야 합니다. 부모의 품을 의지하는 어린아이처럼 하나님의 품을 의지해야 합니다. 그래서 예수님은 "너희가 돌이켜 어린아이들과 같이 되지 아니하면 결단코 천국에 들어가지 못하리라"(마 18:3)라고 하시며, 절대적으로 부모를 신뢰하고 의지하는 어린아이처럼 하나님의 품을 절대적으로 의지하라고 하셨습니다.

사랑의 표현

하나님의 안아 주심은 우리를 향한 사랑의 표현입니다. '내가 너를 낳았다. 너는 내 사랑하는 아들이고 딸이다. 내가 너와 함께한다'라는 하나님의 마음을 표현한 것입니다. 사랑은 언제나 행동으로 표현하게 되어 있습니다. 그래서 예수님은 이 세상에 계실 때 아이들을 안고 축복하셨고, 십자가에 달려 죽으실 때에도 세상의 수많은 영혼을 안고자 두 팔을 벌리시며 사랑을 표현하셨습니다.

너희를 안으사 이 곳까지 이르게 하셨느니라 _신 1:31c

하나님은 이스라엘 백성을 출애굽의 순간부터 '이곳까지' 안고 오셨습니다. 다시 말해 하나님은 광야를 지나 하나님의 나라에 들어갈 때까지 이스라엘 백성을 안고 계셨다는 것입니다. 이는 거듭나는 순간뿐만이 아니라, 백발이 되어 천국에 이르기까지 우리를 품에 안으시는 하나님의 사랑을 의미합니다. 주님은 "너희가 노년에 이르기까지 내가 그리하겠고 백발이 되기까지 내가 너희를 품을 것이라 내가 지었은즉 내가 업을 것이요 내가 품고 구하여 내리라"(사 46:4)라고 말씀하십니다. 우리는 험난한 광야와 같은 인생길을 걷고 있습니다. 이 힘겨운 광야 생활에서 우리는 하나님께서 우리를 노년에 이르기까지 품에 안으시고 인도해 주신다는 말씀을 붙들어야 합니다. 세상 모두가 날 버릴지라도, 주님께서 우리와 끝까지 동행해 주실 것을 믿는다면 인생의 광야 길에서도 평안함으로 나아갈 수 있을 것입니다.

하나님을 향한 신뢰

이 일에 너희가 너희의 하나님 여호와를 믿지 아니하였도다 _ 신 1:32

모세는 40년의 광야 생활을 돌아 보며, 안아 주셨던 하나님에 대해 이야기합니다. 그러나 이스라엘 백성은 이를 믿지 않습니다. 모세와 이스라엘 백성은 똑같이 40년 동안 함께 광야의 현장에 있었는데, 왜 이렇게 다른 마음을 지니고 있을까요? 오히려 모세는 불평하는 이스라엘 백성 때문에 지도자로서 더 많은 고통을 겪었을 것입니다. 그런 모세는 하나님의 안아 주심으로 이곳까지 왔다고 고백했지만, 이스라엘 백성은 왜 인도하신 하나님을 불신했을까요?

이스라엘 백성은 하나님의 은혜로 애굽에서의 노예 생활에서 해방되고, 홍해를 육지처럼 건너는 기적을 경험했습니다. 밤낮으로 불 기둥과 구름 기둥의 보호를 받았으며, 하나님이 주신 만나와 메추라기를 먹었습니다. 그러나 이스라엘 백성은 끊임없이 하나님을 원망하고 불신했습니다. 결국 하나님은 "이 악한 세대 사람들 중에는 내가 그들의 조상에게 주기로 맹세한 좋은 땅을 볼 자가 하나도 없으리라"(신 1:35)라고 말씀하시며 이스라엘 백성에게 가나안 땅을 허락하지 않으십니다. 이스라엘 백성은 하나님께서 자신들을 품에 안으사 여기까지 이르게 하신 것을 믿지 않았기에 가나안 땅에 들어갈 수 없게 되었습니다. 이렇듯 이스라엘 백성은 하나님을 신뢰하지 않아서 실패하고 말았습니다. 하나님의 사람이 실패하는 이유는 돈과 지식, 재물과는 상관이 없습니다. 오로지 하나님에 대한 신뢰의 문제 때문에 실패합니다. 하지만 사람들은 자신의 실패의 이유를 연줄이 없어서, 가난해서, 외모가 부족해서 그렇다고 말합니다. 아닙니다. 하나님의 사람이 실패하는 본질적인 이유는 하나님을 신뢰하지 않기 때문입니다. 아무리 하나님께서 앞서가셔서 우리를 위해 싸우시고, 장막 칠 곳을 찾으시고, 우리를 안고 인도하신다고 할지라도 우리가 하나님을 믿지 않으면 아무런 소용이 없습니다. 그러므로 안아 주시는 것과 안기는 것 사이에는 서로의 사랑과 신뢰가 반드시 필요합니다.

유명한 작가 필립 얀시(Philip Yancey)는 "신앙생활이란 하나님의 모든 말씀이 사실이라고 믿으며 행동하는 것이다"라고 말했습니다. 그리고 우리 주님도 기도에 대해 "무엇이든지 기도하고 구하는 것은 받은 줄로 믿으라 그리하면 너희에게 그대로 되리라"(막 11:24)라고 말씀하셨습니다. 신앙생활은 관념이 아닙니다. 하나님의 말씀이 사실임을 믿고 그렇게 행동하는 것입니다. 하나님께서 우리보다 앞서 행하신다고 말씀하셨다면 하나님을 뒤따라가며 살아야 하고, 하나님께서 백발이 될 때까지 우리를 안아 주신다고 약속하셨다면 하나님에 품에 안긴 것처럼 행동하며 살아야 합니다. 하나님의 모든 말씀을 사실로 믿고 행동할 때 그런 일이 진짜로 일어나기 때문입니다. 앞서가서 우리를 위해 싸우시고, 우리의 길을 예비하시며, 우리를 품에 안으시고 인도하시는 하나님을 믿고 있습니까? 하나님을 향한 우리의 신뢰에 대해 다시 한번 생각해 봅시다.

우리는 하나님의 사랑을 경험하면서 살고 있습니다. 우리는 우리가 받은 사랑을 또 다른 누군가에게 흘려 보내야 합니다. 주위를 둘러보면 두려움과 외로움 속에서 살아가는 이웃

당신이 기도했으면 좋겠습니다

이 많습니다. 하나님께서 우리를 안아 주신 것처럼 우리도 그들을 품고 기도해야 할 것입니다. 우리 모두 광야의 인생길에서 하나님의 안아 주심을 경험하여 힘을 얻고, 또 다른 이들을 품에 안을 수 있기를 바랍니다.

당신의 소원은?

고후 5:8-10

8 우리가 담대하여 원하는 바는 차라리 몸을 떠나 주와 함께 있
는 그것이라

9 그런즉 우리는 몸으로 있든지 떠나든지 주를 기쁘시게 하는
자가 되기를 힘쓰노라

10 이는 우리가 다 반드시 그리스도의 심판대 앞에 나타나게 되
어 각각 선악간에 그 몸으로 행한 것을 따라 받으려 함이라

"우리에겐 소원이 하나있네"라고 시작하는 찬양이 있습니다. 이 찬양은 우리의 소원이 주님께서 다시 오실 그날까지 우리의 교회를 사랑하는 것이라는 내용을 담고 있습니다. 이처럼 하나님의 사람은 소원을 품어야 합니다. 사람은 마음의 소원을 따라 생각하고 말을 하며, 그 소원에 따라 삶이 움직이기 때문입니다. 다시 말해, 소원은 인생의 방향을 결정하는 데 큰 역할을 합니다. 소원을 품는 것이 중요한 이유입니다.

마음에 소원을 두고 행하시는 하나님

너희 안에서 행하시는 이는 하나님이시니 자신의 기쁘신 뜻을 위하여
너희에게 소원을 두고 행하게 하시나니 _빌 2:13

성경은 '너희 안', 즉 우리의 마음에서 일을 행하시는 분이 '하나님'이라고 언급하고 있습니다. 하나님께서 "너희에게 소원을 두고" 일을 행하게 하신다고 말하고 있습니다. 하나님은 일을 행하고자 하실 때 우리의 인생 밖에서 환경을 변화시키거나 강압적인 방법으로 끌고 가지 않으시고, 먼저 우리의 마음에 소원을 주신 후 그 일을 행하게 하십니다. 하나님은 우리의 마음에 하나님께서 이루고자 하시는 일에 대한 소원을 주

시고 이를 깨닫게 하시며, 우리가 그 소원을 따라 행하게 하시는 분입니다. 우리는 야망이 아닌 하나님께서 주시는 마음의 소원을 지니고 인생을 살아야 합니다.

그렇다면 우리는 하나님께서 우리 안에 어떤 소원을 주셨는지 생각해 봐야 합니다. 생각만 해도 가슴이 뛰고, 아름다운 그림이 그려지는 마음의 소원 말입니다. 오류교회도 의자 14개를 놓고 예배를 드리던 시절이 있었습니다. 그때 하나님은 당시로서는 말도 안 되는 소원을 주셨습니다. 오류교회가 한국교회에 대안을 제시하는 교회가 되리라는 소원이었습니다. 하나님께서 주신 이 특별한 소원을 성도들에게 말씀드렸더니, 성도들은 물론이고 제 아내까지 분에 넘치는 큰 소원이 아니냐며 웃었습니다. 그런데 지금 돌아보니 오류교회에 주신 그 소원을 하나님께서 하나하나 행하셨고, 지금도 행하고 계심을 보고 있습니다.

바울의 마음의 소원

우리가 담대하여 원하는 바는 차라리 몸을 떠나 주와 함께 있는 그것이라 그런즉 우리는 몸으로 있든지 떠나든지 주를 기쁘시게 하는 자가 되기를 힘쓰노라 이는 우리가 다 반드시 그리스도의 심판대 앞에 나타나게 되어

각각 선악간에 그 몸으로 행한 것을 따라 받으려 함이라 _고후 5:8-10

▎주와 함께 있는 것

> 우리가 담대하여 원하는 바는 차라리 몸을 떠나 주와 함께 있는 그
> 것이라 _고후 5:8

사도 바울은 마음에 담대하게 원하는 것이 있었습니다. 바로 몸을 떠나 주와 함께 거하는 것이었습니다. 그는 죽음이 끝이 아니라는 사실과 죽은 후에 영혼이 육신을 떠나 주와 함께 있게 된다는 것을 확신하고 있었습니다. 우리가 예수님을 믿으면 하나님의 영, 즉 성령님께서 우리 안에 거하시게 됩니다. 그런데 여기에는 한계가 있습니다. 이는 성령님의 한계가 아니라, 우리가 육신을 입고 있기 때문에 생기는 한계입니다. 여기서 말하는 육신은 단순히 물리적인 것을 의미하는 것이 아니라, 우리 안에 존재하는 죄성과 육체의 소욕을 의미합니다. 이에 대해 사도 바울은 "우리가 항상 담대하여 몸으로 있을 때에는 주와 따로 있는 줄을 아노니"(고후 5:6)라고 말했습니다. 여기서 주와 우리가 따로 있다는 것은 주와 우리가 분리되어 있다는 것이 아니라, 우리가 육체를 입고 있으므로 주와 함께하

는 데 한계가 있다는 것을 의미합니다.

그래서 사도 바울은 한계가 존재하는 자신의 몸을 떠나 주와 함께하기를 원했던 것입니다. 여기서 사도 바울이 말하는 '함께'는 헬라어로 '프로스'(πρός)인데, 이는 인격적인 교제를 나타내는 전치사입니다. '프로스'는 "태초에 말씀이 계시니라 이 말씀이 하나님과 함께 계셨으니 이 말씀은 곧 하나님이시니라"(요 1:1)에 나오는 '함께'와 같은 단어입니다. 성부와 성자, 성령 하나님께서 밀접하게 교제하실 때 사용하는 '함께'라는 단어를 사도 바울이 사용한 것입니다. 다시 말해, 사도 바울이 자신의 몸을 떠나 주님과 함께 있고 싶다는 말은 삼위일체 하나님께서 친밀한 교제를 나누시는 것처럼 자신도 그리스도와 친밀한 교제를 나누게 되길 소원한다는 것입니다. 사도 바울은 죽음 이후에 주님과 더욱 밀접한 교제를 할 수 있다는 것을 알고 있었습니다. 그래서 바울은 죽어서도 주님과 함께하기를 바라는 간절한 마음의 소원이 있었습니다.

▌주님을 기쁘시게 하는 것

> 그런즉 우리는 몸으로 있든지 떠나든지 주를 기쁘시게 하는 자가
> 되기를 힘쓰노라 _고후 5:9

사도 바울은 살든지 죽든지 "주를 기쁘시게 하는 자"가 되기를 바랐습니다. 우리도 사도 바울처럼 하나님을 기쁘시게 하는 자로 살아야 합니다. 하나님을 기쁘시게 하기 위해서는 먼저, 복음을 위하여 살아야 합니다. 복음을 위한 삶이란 전도를 하여 영혼을 구원하는 선교적인 삶을 사는 것을 말합니다. 우리를 죄에서 구원하신 '예수'의 이름을 가족, 친구, 동료 등에게 전하여 그들의 영혼을 구하는 것을 하나님은 기뻐하십니다.

다음으로, 하나님을 기쁘시게 하기 위해서는 예배를 드려야 합니다. 우리는 예배를 드릴 때 '어떻게 하면 이 예배를 통해 내가 은혜를 받을 수 있을까?'에 집중하기보다, "어떻게 하면 이 예배를 통해 하나님을 기쁘시게 해 드릴 수 있을까?"를 생각해야 합니다. 우리가 누구를 기쁘게 하며 살 것인가를 결정할 때, 우리의 삶의 수준이 결정됩니다. 우리가 만약 마귀를 기쁘게 하는 삶을 살면 망하는 인생이 될 것이고, 자신만을 기쁘게 하는 삶을 살면 유치한 인생이 되겠지만, 하나님을 기쁘시게 하는 삶을 산다면 최고의 인생이 될 것입니다. 하나님의 사람인 우리는 하나님을 기쁘시게 하는 삶을 살아야 합니다.

▌그리스도의 심판대 앞에서 상을 받는 것

이는 우리가 다 반드시 그리스도의 심판대 앞에 나타나게 되어 각
각 선악간에 그 몸으로 행한 것을 따라 받으려 함이라 _고후 5:10

우리는 언젠가 죽고 나면 심판대에 서게 될 것입니다. 우리
가 살아온 삶에 대한 평가를 받는 것입니다. 하나님의 심판이
그리스도를 통해 이루어지기 때문에 사도 바울은 이 심판대
를 "그리스도의 심판"라고 표현합니다. 그러므로 세상과 사
람들의 인정이 아닌, 하나님의 평가를 중요하게 여기며 살아
야 합니다. 사도 바울은 늘 종말론적인 삶을 살았습니다. 종말
론적인 삶이란, 지금의 삶이 자신에게 얼마나 유익한지에 집
중해서 사는 것이 아니라, 그리스도의 심판대에 서는 날 주님
께서 나를 어떻게 평가하실까에 집중하면서 사는 삶을 말합니
다. 우리가 그리스도의 심판대 앞에 부끄러움 없이 설 수 있다
면 죽음을 두려워할 필요가 없습니다. 하나님의 사람인 우리
는 주께 받을 상급을 생각하고 그날을 기대하며 살아야 할 것
입니다.

사람은 소원을 따라 생각하고, 말하고, 삶을 움직입니다. 그
렇기 때문에 하나님의 사람인 우리는 하나님께서 우리의 마음
에 주신 소원을 품고, 그 소원에 따라 인생의 방향을 결정하여

나아가야 합니다. 하나님께서 우리의 마음에 주시는 소원은 언제나 크고 위대합니다. 그 소원을 주신 이가 크고 위대한 분이시며, 그 소원의 결과가 우리의 힘이나 우연한 기회로 얻을 수 있는 것이 아니기 때문입니다. 오직 하나님만이 그 소원을 품게 하시고, 행하게 하시는 분임을 믿고 따라갑시다.

당신은 어떻게 불리고 있습니까?

엡 6:21-22

21 나의 사정 곧 내가 무엇을 하는지 너희에게도 알리려 하노니
   사랑을 받은 형제요 주 안에서 진실한 일꾼인 두기고가 모든
   일을 너희에게 알리리라
22 우리 사정을 알리고 또 너희 마음을 위로하기 위하여 내가
   특별히 그를 너희에게 보내었노라

우리는 하나님의 사람으로 이 세상에 보냄을 받아 살아가고 있습니다. 세상에서의 삶은 녹록지 않습니다. 끊임없이 대적 마귀들을 상대로 영적 전쟁을 치르며 살아가야 합니다. 만약 이 모든 영적 전쟁을 홀로 감당해야 한다면, 우리는 쉽게 지치고 넘어질 수밖에 없습니다. 그래서 우리는 이 영적 전쟁을 혼자가 아닌, 성도와 함께해야 합니다. 누군가에게 나를 위한 기도를 부탁하고, 우리도 누군가를 위해 기도하며 함께 영적 전쟁을 감당해야 합니다. 이렇게 함께 기도하며 나아가는 사람을 '동역자'라고 부릅니다. 동역자는 헬라어 합성어로 '함께 일하는 사람'(συνεργός)이라는 뜻을 지니고 있습니다. 같은 목적을 위해 협력하여 일하는 사람이라는 의미입니다.

성경을 보면 하나님의 사람들 곁에는 항상 동역자가 있었습니다. 모세에게는 70인의 동역자와 여호수아, 아론과 훌이 있었고, 다니엘에게는 세 친구가 있었습니다. 성경의 인물 중 많은 동역자와 함께 사역한 사람을 꼽으라면 단연 사도 바울입니다. 사도 바울은 동역이라는 말을 가장 많이 사용했을 정도로 동역자가 많은 사람이었습니다. 그는 수많은 전도 여행을 항상 동역자와 함께 떠났고, 사역의 현장에서도 하나님께서 준비하신 동역자를 만나 귀한 사역을 감당했습니다. 그래서인지 사도 바울의 서신서에는 동역자들에 대한 언급이 많습니다. 빌립보 교회 성도들에게 "나의 동역자들을 도우라"(빌

4:3)라고 했고, 로마교회 성도들에게도 "너희는 그리스도 예수 안에서 나의 동역자들인 브리스가와 아굴라에게 문안하라"(롬 16:3)라고 했습니다. 바울은 이 밖에도 바나바, 실라, 디모데, 에바브로디도, 누가, 마가, 루디아 등 많은 동역자와 함께했습니다. 이 동역자들은 사도 바울과 함께 하나님의 일을 하며 은혜의 기쁨을 나누던 하나님의 사람들입니다.

진실한 일꾼 '두기고'

나의 사정 곧 내가 무엇을 하는지 너희에게도 알리려 하노니
사랑을 받은 형제요 주 안에서 진실한 일꾼인 두기고가
모든 일을 너희에게 알리리라 _엡 6:21

위의 말씀을 보면 사도 바울은 '두기고'를 언급하고 있습니다. 두기고라는 이름의 뜻은 '행운'입니다. 아시아인인 두기고는 이름의 뜻처럼 이방인으로서 로마에 살면서 행운 중의 행운인 예수님을 만났습니다. 세상 말로는 행운이지만 우리는 이를 하나님의 은혜라고 부릅니다. 사도 바울은 두기고를 '진실한 일꾼'(엡 6:21)이라고 말하고, '사랑받는 형제요 신실한 일꾼'(골 4:7)이라고 설명합니다. 여기서 '진실하다'(신실하다)라는

말은 처음과 나중이 변함없음을 의미합니다. 우리말 성경에는 이 단어가 진실, 성실, 충성이라는 말로 번역된 것으로 보아, 두기고는 자신에게 진실하고, 다른 사람과의 관계에서 성실하며, 하나님과의 관계에서는 충성된 사람이었음을 알 수 있습니다.

바울이 두기고를 '주 안에서 진실한 일꾼'이라고 부르는 데에는 몇 가지 이유가 있습니다. 첫째, 두기고는 바울과 끝까지 동행했던 사람이었습니다. 사도 바울이 여러 지방의 헬라의 이방인 성도에게 받은 구제 헌금을 전하기 위해 예루살렘 교회에 갈 때, 제3차 전도 여행을 할 때, 예루살렘에 도착하여 체포를 당할 때 등의 순간에 두기고는 항상 사도 바울의 곁에 있었습니다. 심지어 바울이 나이가 들고 감옥에 갇히는 일이 반복되어 그를 따르던 제자들이 하나둘씩 떠나가는 순간에도 두기고는 바울을 떠나지 않고 끝까지 함께했습니다. 두기고는 함께 고난에 동참하여 선교의 길에 끝까지 동행했던 신실한 일꾼이었습니다.

둘째, 두기고는 바울의 서신을 전달하고, 바울의 사정을 알리는 전령의 역할을 했습니다. 먼저 두기고는 바울이 감옥에서 쓴 서신을 에베소 교회, 골로새 교회에 전달하는 역할을 했습니다. 교통이 발달하지 않았던 그 시절에 강을 건너고, 산을 건너며, 모든 위협을 무릅쓰고 먼 지방에 가서 서신을 전달하기란 쉽지 않은 일이었지만 그는 성실하게 전령의 임무를 다했습니다. 또한 두기고는 바울이 감옥에 있는 동안 바울의 사정과 근황을 에베소 교회와 골로새 교회의 성도에게 전하고 그들의 마음을 위로하는 일도 했습니다. 바울이 자신의 사정을 알리고 성도들을 위로하는 역할을 두기고에게 맡겼다는 것은 진실한 일꾼 두기고를 그만큼 신뢰했음을 의미합니다.

셋째, 두기고는 바울의 요청으로 디도의 목회 사역을 도왔습니다. 사도 바울은 1차 투옥에서 석방된 후 니고볼리로 전도 여행을 떠나기로 했습니다. 그때 그레데섬에서 전도를 하고 있던 디도에게 니고볼리로 올 것을 명하고, 대신 두기고에게 그레데섬 목회 사역을 부탁합니다. 위험천만한 오지인데도 두기고는 아무런 불평도 없이 사도 바울의 말에 순종하여 그레데섬으로 들어가 목회 사역을 도왔습니다. 이처럼 두기고는 복음을 위해 자신의 생명을 걸고 헌신하는 충성스러운 사람이었습니다.

이러한 두기고의 모습을 보았기에 사도 바울은 두기고의 이름 앞에 '진실한 일꾼'이라는 닉네임을 붙여서 불렀던 것입니다. 두기고 말고도 성경을 보면, 하나님의 사람 중에 닉네임을 가진 사람들이 있습니다. '꿈꾸는 자'(창 37:19)라고 불리던 요셉, '흥왕하게 하는 사람'(느 2:10)으로 불리었던 느헤미야를 그 예로 들 수 있습니다.

그렇다면 우리는 다른 이들에게 어떤 닉네임으로 불리고 있나요? 하나님의 사람인 우리에게도 나의 삶과 사역을 압축하여 드러낼 수 있는 닉네임이 필요합니다. 다른 이들에게 나의 삶이 어떤 닉네임으로 기억되기를 원하는지 생각해 보길 바랍니다.

사랑을 받은 형제 '두기고'

투자의 귀재로 알려진 워런 버핏(Warren Buffett)은 한 강연장에서 청중에게 "지금의 위치에서 성공을 어떻게 정의하시겠습니까?"라는 질문을 받았습니다. 우리나라 돈으로 100조 이상의 재산을 가진 그는 이렇게 대답했습니다. "나는 내가 사랑받고자 하는 사람에게서 사랑을 받는 것을 성공이라고 생각합니다." 그의 말처럼 성공한 삶은 사랑을 받으며 사는 것입니다. 사랑을 받는다는 것이 말처럼 쉬운 일이 아니기에 더욱 그렇습니다. 누군가에게 사랑을 받기 위해서는 좋은 관계를 맺어야 하고, 먼저 사랑을 베풀어야 합니다.

이러한 관점에서 두기고는 성공한 삶을 살았다고 볼 수 있습니다. 실제로 많은 이의 사랑을 받았기 때문입니다. 에베소서 6장 21절에서 사도 바울은 두기고를 '사랑을 받은 형제'라고 말합니다. 두기고는 사도 바울뿐만 아니라, 그를 아는 모든 이에게 사랑을 받았습니다. 두기고가 이렇게 사랑을 받게 된 이유는 무엇일까요? 두기고는 사랑을 받기를 기다리지 않고 주님의 사랑으로 먼저 다른 이를 사랑했기 때문입니다. 두기고는 "내 계명은 곧 내가 너희를 사랑한 것 같이 너희도 서로 사랑하라 하는 이것이니라"(요 15:12)라는 주님의 말씀을 지키고, 순종하여 다른 이들을 사랑했기에 많은 이의 사랑을 받을 수 있었습니다.

사도 바울에게 '사랑을 받은 형제', '주 안에서 진실한 일꾼'이라는 칭찬을 받은 두기고를 보며, 우리의 신앙생활과 삶을 돌아보아야 할 것입니다. 우리도 사람들로부터 사랑을 받고 진실한 일꾼이라는 인정과 칭찬을 받는 삶을 살 수 있다면 얼마나 감사할까요? 우리 모두 두기고와 같은 칭찬을 받는 동역자로 살아갈 수 있길 바랍니다.

Part 2.

주의 손을
꼭 붙들기를

성령을 받으라

요 20:21-23

21 예수께서 또 이르시되 너희에게 평강이 있을지어다 아버지
께서 나를 보내신 것 같이 나도 너희를 보내노라

22 이 말씀을 하시고 그들을 향하사 숨을 내쉬며 이르시되 성령
을 받으라

23 너희가 누구의 죄든지 사하면 사하여질 것이요 누구의 죄든
지 그대로 두면 그대로 있으리라 하시니라

성령 충만은 성령께서 내 삶을 지배하시는 것을 말합니다. 나의 감정과 욕망이 나를 지배하는 것이 아니라, 성령님이 나의 감정과 욕망, 의지를 다스리시는 것입니다. 성령님이 공급해 주시는 힘, 능력, 지혜로 살아가는 것이 곧 성령의 충만함입니다.

> 이 말씀을 하시고 그들을 향하사 숨을 내쉬며 이르시되 성령을 받으라 _요 20:22
>
> 술 취하지 말라 이는 방탕한 것이니 오직 성령으로 충만함을 받으라 _엡 5:18

두 말씀은 같은 명령을 하고 있습니다. 바로 '성령을 받으라'라는 것입니다. 단순한 권면 정도가 아니라 단호하게 명령하고 있습니다. 성령을 받는 것, 성령의 충만함을 받는 것은 하나님의 명령입니다. 따라서 성령을 받지 않는 것은 분명한 죄입니다. 세상에 보냄받은 우리는 반드시 성령 충만을 받아야 합니다.

왜 성령을 받아야 하는가?

▍평안을 누리기 위해서

예수께서 이르시되 너희에게 평강이 있을지어다 _요 20:21a

이 말씀을 하시고 그들을 향하사 숨을 내쉬며 이르시되 성령을 받

으라 _요 20:22

부활하신 주님은 제자들에게 성령을 받으라고 명령하십니다. 그리고 오늘날의 우리에게도 주님은 성령 충만을 받으라고 하십니다. 그렇다면 왜 우리는 성령 충만을 받아야 할까요? 첫 번째 이유는 성령 충만을 받아야 세상이 줄 수 없는 평안을 누릴 수 있기 때문입니다. 그래서 부활하신 주님은 "너희에게 평강이 있을지어다"라고 하신 후에 바로 "성령을 받으라"라고 말씀하신 것입니다.

궁극적인 평안은 좋은 환경, 오래된 신앙, 많은 성경 지식으로부터 오는 것이 아닙니다. 성령님께서 역사하셔야 나의 모든 환경을 뛰어넘어 나의 감정과 상관없이 온전한 평안을 누릴 수 있습니다. 성령님께서 나의 감정과 의지를 주관하고 다스리시기 때문입니다. 즉, 성령 충만을 받아야 우리는 평안을

누릴 수 있습니다. 복음을 전하다가 억울하게 감옥에 갇힌 사울과 실라를 떠올려 보십시오. 그들은 온몸이 피투성이가 되고 발에는 차꼬가 채워져 있었지만, 성령 충만을 입었기에 하나님을 원망하기는커녕 한밤중에 큰소리로 기도하고 하나님을 찬송하였습니다. 이를 통해 하나님이 고난을 면하게 하시는 분이 아니라, 고난을 이길 힘과 세상이 줄 수 없는 평안을 주시는 분임을 알 수 있습니다. 그러므로 평안을 누리며 살기 위해서는 성령 충만을 받아야 합니다.

▎부활의 증인으로 살아가기 위해서

> 볼지어다 내가 내 아버지께서 약속하신 것을 너희에게 보내리니 너희는 위로부터 능력으로 입혀질 때까지 이 성에 머물라 하시니라
> _눅 24:49
>
> 사도와 함께 모이사 그들에게 분부하여 이르시되 예루살렘을 떠나지 말고 내게서 들은 바 아버지께서 약속하신 것을 기다리라 _행 1:4

우리가 성령 충만을 받아야 하는 두 번째 이유는 부활의 증인으로 살기 위함입니다. 부활하신 주님은 승천하시기 전에 제자들에게 예루살렘에서 떠나지 말고, 약속한 것을 기다리라고 하십니다. 주님께서 제자들에게 약속하신 것은 바로 '보

혜사 성령'입니다. 주님은 제자들에게 예루살렘을 떠나지 말고 보혜사 성령을 기다리라고 명령하셨습니다. 그리고 "오직 성령이 너희에게 임하시면 너희가 권능을 받고 예루살렘과 온 유대와 사마리아와 땅 끝까지 이르러 내 증인이 되리라"(행 1:8)라고 말씀하셨습니다. 세상으로 나가는 것이 먼저가 아니라, 성령의 권능을 받는 것이 먼저임을 알려 주신 것입니다. 주님의 말씀에 순종한 초대교회 120명의 성도는 마가의 다락방에 모여 함께 기도하고 성령의 충만을 받았습니다. 그리고 그날 성령께서 일하셔서 베드로가 전한 한 번의 설교에 3천 명이 회개하고 돌아와 세례를 받았습니다. 성령께서 역사하심으로 많은 이가 자신이 죄인임을 고백하고 예수님을 주님이라 시인할 수 있었습니다.

제자들에게 성령을 받으라고 명령하셨던 주님은 곧이어 "너희가 누구의 죄든지 사하면 사하여질 것이요 누구의 죄든지 그대로 두면 그대로 있으리라"(요 20:23)라고 하십니다. 이는 성령께서 역사하셔야 자신이 죄인임을 스스로 인정할 수 있고, 예수님의 십자가 사랑과 부활을 믿을 수 있다는 것을 말씀하신 것입니다. 이와 같은 의미로, 사도 바울은 "성령으로 아니하고는 누구든지 예수를 주시라 할 수 없느니라"(고전 12:3)라고 했습니다. 그렇습니다. 복음은 설득이 아닌, 성령의 역사로만 깨달을 수 있습니다. 그러므로 부활의 증인이 되는 삶을 살아야 하는 우리는 성령의 충만을 받아야 합니다.

▌사역과 사명을 감당하기 위해서

우리가 성령 충만을 받아야 하는 세 번째 이유는 주님께서 맡기신 사역과 사명을 감당하기 위해서입니다. 초대교회는 일곱 집사를 세울 때 "성령과 지혜가 충만하여 칭찬 받는 사람"(행 6:3)을 택했고, 스가랴 선지자는 여호와께서 스룹바벨에게 성전을 재건하는 것은 "힘으로 되지 아니하며 능력으로 되지 아니하고 오직 나의 영으로 되느니라"(슥 4:6)라고 말씀하셨다고 전했습니다. 이를 보면 주님의 일은 인간의 힘과 능력이 아닌 성령의 역사가 있을 때 가능하다는 것을 알 수 있습니다. 전자제품에 전원이 공급되어야 작동하는 것처럼, 우리 안에서 성령이 역사하셔야 주의 일을 감당할 수 있는 것입니다.

주님이 잡히시던 날에 제자들은 모두 두려워하며 숨었고, 부활하신 주님을 만나고도 사명을 버린 채 갈릴리 바닷가로 돌아갔습니다. 하지만 오순절에 성령 충만을 받은 이후 제자들은 놀랍게 변했습니다. 담대하게 부활의 주님을 증거했습니다. 예수의 이름 때문에 모욕을 당하는 것을 기뻐했고, 죽음조차 두려워하지 않았습니다. 예수님께서 제자들에게 성령을 받으라고 명령하신 이유가 여기에 있습니다. 그러므로 주님께서 맡기신 사역과 사명을 감당하기 위해서 우리는 성령 충만을 받아야 합니다.

생명을 살리는 영, '성령'

여호와 하나님이 땅의 흙으로 사람을 지으시고
생기를 그 코에 불어넣으시니 사람이 생령이 되니라 _창 2:7

＼

하나님은 첫 사람 아담의 코에 숨(생기)을 불어 넣으셔서 생명을 주셨습니다. 하나님께서 아담에게 숨을 불어 넣으신 것처럼, 부활하신 주님도 제자들을 향해 "숨을 내쉬며 이르시되 성령을 받으라"(요 20:21)라고 말씀하십니다. 예수님은 왜 '숨'을 내쉬며 '성령'을 받으라고 하셨을까요? 이 말씀에서 '숨'과 '성령'은 원어적 의미로 동일하게 사용되고 있습니다. 이를 바탕으로 생각해 보면, 예수님은 제자들에게 영적 생명의 숨을 불어 넣으시며 재창조의 사역이 시작되었음을 알리시기 원하셨던 것입니다. 다시 말해서 숨은 곧 생명이고, 성령은 곧 생명을 살리는 영입니다. 성령님이 역사하시는 곳에는 언제나 생명이 되살아나는 역사가 있습니다.

이 강물이 이르는 곳마다 번성하는 모든 생물이 살고 또 고기가 심히 많으리니 이 물이 흘러 들어가므로 바닷물이 되살아나겠고 이 강이 이르는 각처에 모든 것이 살 것이며 _겔 47:9

'생명의 물'이 이르는 곳마다 모든 생물이 살고 각처에 있는 모든 것이 살아나는 역사가 일어난다고 말합니다. 예수님은 이 '생명의 물'이 '성령'이라고 말씀하십니다. 생명의 물이 흘러 죽은 바다가 살아나고 고기 떼가 되살아난 것처럼, 성령의 은혜가 임하면 반드시 살아나는 역사가 일어납니다. 성령이 생명을 살리시는 영이기 때문입니다. 성령의 은혜가 임하면 메마른 심령이 다시 살아나고, 절대 변하지 않을 것 같은 사람도 하나님의 생명으로 다시 태어납니다. 천지 만물을 창조하신 성령께서 역사하시는데 어찌 죽은 영혼이 살아나지 않겠습니까? 그래서 부활하신 주님께서 제자들을 향해 숨을 내쉬며 성령을 받으라고 말씀하신 것입니다.

우리는 이 세상에 보냄을 받은 자들입니다. 세상은 유혹과 환난과 핍박이 있는 곳입니다. 그래서 우리는 성령의 충만을 받고 나아가야 합니다. 성령 충만을 받아서 평안을 누리고, 부활의 증인된 삶을 살면서 주님께서 맡기신 사명을 감당해야 합니다. 부활의 주님은 오늘도 우리에게 말씀하십니다. 성령 충만을 받으라!

누가 대적을 이기는가?

엡 6:10

끝으로 너희가 주 안에서와 그 힘의 능력으로 강건하여지고 우리는 입시 전쟁, 출퇴근 전쟁, 취업 전쟁, 살과의 전쟁 등과 같이 '전쟁'이라는 단어를 쉽게 사용합니다. 우리가 사는 이 세상이 싸움터와 같이 치열하기 때문일 것입니다. 그런데 우리는 이 세상에서의 싸움보다 더 치열한 전쟁을 치르며 살아가고 있습니다. 바로 영적 전쟁입니다. 주님께서 우리를 이 세상에서 보내면서 "내가 너희를 보냄이 양을 이리 가운데로 보냄과 같도다"(마 10:16)라고 하신 것을 보면, 하나님께 속한 자로 이 세상을 살아가는 우리의 삶 자체가 영적 전쟁임을 알 수 있습니다. 이 세상에서 빛과 소금으로 사는 것, 복음을 증거하는 것, 삶으로 예배를 드리는 것, 십자가의 길을 따르는 것 모두가 영적 전쟁입니다. 그래서 성경은 우리를 주의 군사로, 이 땅의 교회를 전투하는 교회라고 언급하고 있는 것입니다.

전쟁의 대상과 기한

우리의 씨름은 혈과 육을 상대하는 것이 아니요
통치자들과 권세들과 이 어둠의 세상 주관자들과
하늘에 있는 악의 영들을 상대함이라 _엡 6:12

모든 전쟁에 싸움의 대상이 존재하듯이, 영적 전쟁에도 분명한 대상이 있습니다. 영적 전쟁에 있어서 싸움의 대상은 마귀와 사탄을 따르는 악한 영들입니다. "우리의 씨름은 혈과 육을 상대하는 것이 아니요"라는 말은 우리의 씨름이 눈에 보이는 육체를 가진 인간을 대상으로 하는 것이 아님을 의미합니다. 즉, 영적인 세계에서 하나님을 대적하는 마귀와 그 부하들을 말하는 것입니다. 그리고 우리의 적은 세상의 영향력과 권위를 가지고 있는 악한 세력을 의미하기도 합니다. 하늘의 악한 영들이 이 세상의 권세를 가진 이들을 강력한 도구로 사용하기 때문입니다. 악한 영들은 세상의 권세를 가진 자들의 영향력을 통해 낙태를 합법화하고, 창조의 질서를 거스르는 악법을 제정하게 하며, 자녀에게 신앙 교육을 하지 못하게 하는 등 배후에서 역사하고 있습니다. 그래서 성경은 통치자들과 권세자들이 악한 영에게 휘둘리지 않도록 이를 위해 기도하라고 가르칩니다.

예수님을 믿어 하나님의 군사로 부르심을 받았다면 이미 우리는 영적 전쟁의 한복판에 있는 것입니다. 그렇다면 우리는 이 치열한 전쟁을 언제까지 해야 할까요? 유진 피터슨(Eugene H. Peterson)은 영적 전쟁의 기한에 대해 의역 성경 『메시지』에 이렇게 기록했습니다.

이 싸움은 잠깐 출전해서 쉽게 이기고 금세 잊고 마는 한나절의 운동 경기가 아닙니다. 이 싸움은 지구전, 곧 마귀와 그 수하들을 상대로 끝까지 싸우는 사느냐 죽느냐의 싸움입니다. _엡 6:12

그렇습니다. 우리가 치르고 있는 이 영적 전쟁은 잠깐의 전쟁이 아니라, 우리의 영혼이 이 땅을 떠날 때까지 계속되는 전쟁입니다.

영적 전쟁에서 승리하는 자

강건한 자

끝으로 너희가 주 안에서와 그 힘의 능력으로 강건하여지고 _엡 6:10

사탄을 상대로 하는 지구전(持久戰)에서 승리하기 위해 우리는 강건해져야 합니다. 위의 말씀에서는 "강건해져야 한다"라는 말을 명령어로 하고 있습니다. 영적으로 강건하지 않으면 치열한 영적 전쟁에서 승리할 수 없기 때문에 명령어로 강조하고 있는 것입니다. 우리의 몸에 면역력이 떨어지면 바이러스와 싸우는 저항력이 낮아져 쉽게 감염이 되는 것처럼, 우리의 영이 건강하지 않으면 악한 영을 물리칠 수 없습니다. 그렇다면 어떻게 해야 우리의 영이 강건해질 수 있을까요?

첫째, 우리의 영이 강건해지기 위해서는 주 안에 있어야 합니다. 신약 성경에는 '주 안에', '그리스도 안에', '그리스도 예수 안에서' 등의 말이 셀 수 없이 많이 나옵니다. 이는 주 안에 있지 않으면 영적으로 강건할 수 없음을 강조하는 것입니다. 이때 주 안에 있다는 것은 주님과의 친밀한 사귐, 즉 주님과의 연합을 의미합니다. 예수님은 "나는 포도나무요 너희는 가지라 그가 내 안에, 내가 그 안에 거하면 사람이 열매를 많이 맺나니 나를 떠나서는 너희가 아무것도 할 수 없음이라"(요 15:5)라고 하시며, 성도와 주님의 연합을 포도나무와 가지에 비유하십니다. 포도나무에 가지가 붙어서 영양분을 공급받아야 열매가 열리듯이 우리는 주님과의 친밀한 사귐을 통해 영적 영양분을 공급받아야만 영적 전쟁에서 승리할 수 있습니다.

둘째, 우리가 주님과 연합하여 친밀한 사귐을 가질 때 주님으로부터 힘과 능력을 공급받습니다. 그 힘과 능력으로 강건하여지면 영적 전쟁에서 승리를 거둘 수 있습니다. 이때 그 힘의 능력은 나의 힘과 능력이 아닌 예수 그리스도의 힘과 능력을 의미합니다. 사망의 권세를 물리치시고 승리하신 예수님의 힘과 능력을 말하는 것입니다. 우리에게는 보이지 않는 악한 영을 물리칠 힘과 능력이 없습니다. 우리의 지식과 인격은 악한 영의 유혹

당신이 기도했으면 좋겠습니다

을 이겨 내는 데 아무런 도움이 되지 못합니다. 그렇기 때문에 우리는 내게 능력 주시는 주님 안에서 그 힘의 능력으로 강건해 질 때야 영적 전쟁에서 승리할 수 있습니다.

▎전신 갑주를 입은 자

> 마귀의 간계를 능히 대적하기 위하여 하나님의 전신 갑주를 입으라
> _엡 6:11
>
> 그러므로 하나님의 전신 갑주를 취하라 이는 악한 날에 너희가 능
> 히 대적하고 모든 일을 행한 후에 서기 위함이라 _엡 6:13

전쟁을 나가는 사람은 온몸을 무장하고 나갑니다. 영적 전쟁을 치르는 우리도 온몸을 무장하고 나가야 합니다. 그래서 성경은 하나님의 전신 갑주를 취하고 입으라고 합니다. 전신 갑주는 여섯 가지의 무장으로 되어 있습니다.

① 진리의 허리띠 : 진리로 너희 허리 띠를 띠고(엡 6:14a)

진리의 띠는 진리 되신 예수 그리스도에 대한 확고한 믿음을 의미합니다. 대세를 따르지 않고 예수님만이 길이요, 진리요, 생명이심을 믿는 것입니다. 예수님만을 바라보는 사람은 어떤 상황에도 흔들리지 않습니다. 허리가 몸의 중심을 잡아

주고 지탱하는 힘의 상징이듯이 예수 그리스도에 대한 확신으로 진리의 띠를 매고 나아갈 때 우리는 흔들리지 않고 영적 전쟁을 치를 수 있습니다.

② 의의 호심경 : 의의 호심경을 붙이고(엡 6:14b)

호심경은 강한 동판으로 만든 갑옷으로, 목부터 무릎까지 이어져 가슴, 즉 심장을 보호하는 역할을 합니다. 의의 호심경으로 무장하는 것은 예수 그리스도의 의를 덧입는 것입니다. 사탄이 참소하여 우리의 영적 심장을 공격할 때, 예수 그리스도의 의를 덧입은 우리는 끄떡없이 영적 전쟁을 감당할 수 있습니다.

③ 복음의 신 : 평안의 복음이 준비한 것으로 신을 신고(엡 6:15)

군인에게 튼튼하고 잘 맞는 신발이 필수이듯이, 영적 전쟁을 하는 우리에게도 평안의 복음의 신이 필요합니다. 전쟁하는 군인이 평탄한 길뿐 아니라 가시밭길, 험한 산길, 진흙탕 길을 가듯이, 영적 전쟁을 하는 우리도 형통한 삶뿐 아니라 실패의 삶, 풍랑의 삶, 눈물의 삶을 맞닥뜨립니다. 그러므로 평안의 복음을 전해야 하는 우리는 반드시 평안의 복음의 신발을 신어야 합니다. 평안하지 못하고 두려움에 떠는 사람은 평안의 복음을 전할 수가 없습니다. 하늘로부터 임하는 평안 안에 거해야 흔들림 없이 영적 전쟁을 할 수 있습니다.

④ 믿음의 방패 : 모든 것 위에 믿음의 방패를 가지고(엡 6:16a)

악한 영은 하나님께 속한 우리에게 불화살을 쏩니다. 불화살은 마귀의 간계 중의 하나로서 우리에게 넣어 주는 모든 악하고 잘못된 생각들을 말합니다. 방패가 전쟁의 활과 창, 검을 막아 내듯이 믿음의 방패는 마귀의 불화살을 막아 줍니다. 믿음의 방패는 하나님과 예수 그리스도에 대한 신뢰와 확신을 말하는 것으로, 믿음의 방패를 가진다는 것은 하나님의 약속의 말씀을 신뢰하고 확신하는 것을 의미합니다. 하나님과 예수 그리스도를 신뢰하고 약속의 말씀을 확신하며 나아갈 때 영적 전쟁을 치를 수 있습니다.

⑤ 구원의 투구 : 구원의 투구와(엡 6:17a)

머리가 손상되면 즉사할 확률이 높기 때문에 전쟁 시에는 머리를 보호하는 투구를 반드시 씁니다. 영적 전쟁을 하는 우리는 구원의 투구를 써야 합니다. 구원의 투구는 구원의 확신을 의미합니다. 지금 내가 죽는다고 해도 천국에서 눈을 뜰 수 있다는 확신 말입니다. '영적인 전쟁은 주님이 이겨 놓으신 전쟁이기에 반드시 승리한다'라는 확신이 있을 때, 우리는 영적 전쟁을 감당할 수 있습니다.

⑥ 성령의 검 : 성령의 검 곧 하나님의 말씀을 가지라(엡 6:17b)

성령의 검은 성령의 감동으로 기록된 하나님의 말씀을 의미합니다. 진리의 허리띠, 의의 호심경, 복음의 신, 믿음의 방패, 구원의 투구가 모두 방어용 무기라면, 이 성령의 검은 유일한 공격용 무기입니다. 마태복음 4장에서 예수님도 사탄의 시험을 받을 때 "기록되었으되 사람이 떡으로만 살 것이 아니요 하나님의 입으로부터 나오는 모든 말씀으로 살 것이라 하였느니라", "기록되었으되 주 너의 하나님을 시험하지 말라 하였느니라", "기록되었으되 주 너의 하나님께 경배하고 다만 그를 섬기라 하였느니라"와 같이 "기록되었으되"라고 하시며 하나님의 말씀으로 사탄을 물리치셨습니다. 하나님의 말씀은 살아 있고 운동력이 있어 좌우에 날선 어떤 검보다 예리합니다(히 4:12). 그리고 하나님의 말씀은 영이기 때문에 시간과 공간을 초월하여 역사하며, 생명이기 때문에 살려 내는 힘이 있습니다. 그러므로 우리는 하나님의 말씀을 읽고 듣고 암송하며, 성령의 검을 잘 갈고닦아 악한 영들을 쓰러뜨려야 합니다.

하나님의 대사로 세상에 부르심을 받은 우리는 마귀를 상대로 하는 영적 전쟁을 주님 앞에 갈 때까지 치러야 합니다. 이 치열한 전쟁에서 승리하기 위해서는 주님 안에서 강건한 전신갑주로 무장을 하고 나아가야 합니다. 그렇게 될 때 우리는 주님과의 친밀한 관계 안에서 불화살이 쏟아지는 이 영적 전쟁을 흔들리지 않고 치를 수 있습니다.

믿음의 방패로 악한 자의 불화살을 소멸하라

엡 6:16

모든 것 위에 믿음의 방패를 가지고 이로써 능히 악한 자의 모
든 불화살을 소멸하고

이 세상에 보냄받은 우리는 세상에서 치열한 영적 전쟁을 치르며 살아갑니다. 혈과 육이 아닌 어둠의 영, 즉 마귀를 대상으로 싸우는 전쟁을 하는 것입니다. 영적 전쟁에 나서기 위해서는 하나님의 전신 갑주를 입어야 합니다. 전신 갑주는 진리의 허리띠, 의의 호심경, 복음의 신, 믿음의 방패, 구원의 투구, 성령의 검의 여섯 가지로 이루어져 있습니다. 이 중에서 믿음의 방패는 악한 자의 불화살을 막아 내는 매우 중요한 전쟁 도구입니다. 악한 자의 불화살은 구체적으로 어떤 것이고, 믿음의 방패로 이를 어떻게 막아 낼 것인지 생각해 보고자 합니다.

> 모든 것 위에 믿음의 방패를 가지고 이로써 능히 악한 자의 모든 불화살을 소멸하고 _엡 6:16

불화살을 쏘는 '악한 자'

세상에서 영적 전쟁을 치르고 있는 우리에게 악한 자들은 불화살을 쏘아 댑니다. 이때 악한 자는 우리의 대적인 사탄, 즉 마귀를 말합니다. 사탄(שָׂטָן)은 히브리어로 대적, 고소자라는 뜻이고, 마귀(διαβάλλω)는 사탄을 헬라어로 번역한 것으로 둘은 같은 것을 의미합니다. 성경에서 예수님께서 마귀에게 시험을 받으러 가는 장면을 "마귀에게 시험을 받으러 광야로 가사"(마 4:1)라고 기록하고, 예수님께서 마귀를 물리치실 때는 "사탄아 물러가라"(마 4:10)라고 하시는 것으로 보아, 성경이 마귀와 사탄을 같은 의미로 사용하고 있음을 알 수 있습니다. 다시 말해 우리에게 불화살을 쏘는 악한 자는 사탄이자 마귀인 것입니다.

악한 자의 '불화살'

그렇다면 이 악한 자가 쏘아 대는 불화살의 정체는 무엇일까요? 불화살은 에베소서 6장 11절에서 언급하고 있는 '마귀의 간계' 중의 하나로서 마귀가 우리의 생각에 넣는 모든 악하고 잘못된 생각들을 말합니다. 즉, 악한 자의 불화살은 불신앙적인 모든 생각을 의미합니다. "마귀가 벌써 시몬의 아들 가룟 유다의 마음에 예수를 팔려는 생각을 넣었더라"(요 13:2)라는 말씀을 보면 마귀가 가룟 유다에게 '생각을 넣어' 예수님을 배신하게 했다는 것을 알 수 있습니다. 이처럼 마귀는 우리를 넘어뜨리기 위해서 가장 먼저 우리의 생각을 지배합니다.

고대의 전쟁에서는 적진을 불태우고, 적을 죽이기 위해 불화살을 사용했습니다. 불화살은 화살촉에 타르(화약)를 묻힌 것으로, 목표물에 맞는 순간 터지면서 불이 붙습니다. 사도 바울은 에베소서에서 이 불화살을 우리를 향한 악한 영의 공격으로 설명하고 있습니다. 우리를 넘어뜨리기 위해 사탄이 사용하는 불화살은 단순한 불화살이 아닌, 다양하고 복잡한 불화살입니다. 미국의 저명한 신학자인 윌리암 핸드릭슨(William Hendriksen)은 악한 자의 불화살이 '고난, 고뇌, 박해, 기근, 의심, 욕정, 탐욕, 허영, 시기'라고 했고, 존 스토트(John Stott) 목사는 불화살을 '사탄의 참소, 하나님과 말씀에 대한 의심, 낙담, 불순종, 배반, 탐욕, 가난, 질병, 두려움 등'이라고 했습니다. 이처럼 우리를 넘어뜨리기 위해 쏘아 대는 악한 자의 불화살은 복잡하고 다양합니다.

악한 자의 불화살을 '맞은 자'

악한 자의 불화살을 맞으면 믿음에 회의가 생기고, 낙심이 생깁니다. 또는 마음에 불평과 원망, 분노 그리고 두려움의 감정이 생깁니다. 심지어 더는 살고 싶지 않은 감정까지 느낍니다. 불화살이 가정에 떨어지면 가정의 불화로 번지고, 교회에 떨어지면 교회가 분열됩니다. 우리는 악한 자의 불화살을 맞아 마음이 흔들린 사람들의 예를 보고는 합니다. 20세기 말 저

널리스트인 러셀 베이커(Russell Baker)와 목사의 아들이었던 니체(Nietzsche)는 어린 나이에 아버지를 여의고 하나님께 등을 돌렸습니다. 또한 빌리 그레이엄(Billy Graham) 목사의 절친이자, 설교 동역자였던 찰스 템플턴(Charles Templeton)은 「라이프」(LIFE) 지에 실린 한 장의 사진을 보고 불화살을 맞아 하나님을 떠났습니다. 가뭄이 극심한 북부 아프리카 지역의 여인이 죽은 아이를 안고 원망스러운 눈빛으로 하늘을 바라보는 사진이었습니다. 찰스 템플턴은 이 여인에게 비를 내려 주지 않는 신은 사랑과 자비의 창조주가 아니라며 더 이상 하나님을 믿지 않겠다고 선포하고 『하나님과의 작별』이라는 책을 썼습니다. 우리 주변에서도 이와 같이 삶의 현장에서 하나의 영화, 책, 사건 등을 접하고 실족하는 사람들을 볼 수 있습니다. 도덕적이지 않은 교인을 보면서 하나님이 없다고 하는 사람, 기도해도 하나님이 들어주지 않는다며 분노를 쏟아 내는 사람, 세상의 불공평을 이야기하며 실족하는 사람 등 많은 사람이 악한 자의 불화살을 맞고 하나님을 떠납니다.

사탄은 지금도 우리를 향해 끊임없이 불화살을 쏘아 대고 있습니다. 때와 연령, 상황에 맞춰 가장 적합한 불화살을 쏘아 대고 있습니다. 성경을 보면 사탄은 아담과 하와에게 의심의 불화살을 쏘았고, 다윗에게는 정욕의 불화살, 사울에게는 시기의 불화살, 욕심 많은 게하시에게는 탐욕의 불화살을 쏘았습니다. 이렇게 각 사람의 약점을 노리는 악한 자의 불화살을 우리는 어떻게 막아 낼 수 있을까요?

모든 것 위에

모든 것 위에 믿음의 방패를 가지고
이로써 능히 악한 자의 모든 불화살을 소멸하고 _엡 6:16

＼

악한 자의 불화살을 막아 내기 위해서 우리는 믿음의 방패를 가져야 합니다. 그런데 성경에서는 믿음의 방패를 '모든 것 위에' 가지라고 말하고 있습니다. 이때 '모든 것'은 하나님의 전신 갑주 중 '진리의 허리띠', '의의 호심경', '평안의 복음이 준비한 신'이라는 세 가지 방어용 무기를 말합니다. 이는 믿음의 방패가 세 가지 방어용 무기보다 더 효율적이고 중요하기에 모든 것 위에 믿음의 방패를 가져야 함을 의미합니다. 앞의 세 가지의 방어용 무기가 고정된 것에 반해 믿음의 방패는 화살이 날아오는 방향에 따라 맞춰 움직이며 방어할 수 있고, 방패를 서로 연결하면 더 뛰어난 방어용 무기가 될 수 있기 때문입니다. 또한 위치적으로도 방패가 가장 앞에 위치하여 다른 방어용 무기가 제대로 작동할 수 있도록 돕기 때문에 믿음의 방패는 모든 것 위에 있어야 합니다.

믿음의 방패

그런데 바울은 방패를 왜 '믿음의 방패'라고 말했을까요? 영적 전투에서 악한 자의 불화살을 막아 낼 수 있는 것은 오직 믿음이기 때문입니다. 이에 대해 사도 요한은 "세상을 이기는 승리는 이것이니 우리의 믿음이니라"(요일 5:4)라고 했고, 베드로는 "믿음으로 말미암아 하나님의 능력으로 보호하심을 받았느니라"(벧전 1:5)라고 했으며, 예수님은 맹인에게 "네 믿음이 너를 구원하였느니라"(막 10:52)라고 하시며 맹인의 눈을 고쳐 주셨습니다.

믿음의 방패에서 말하는 '믿음'은 헬라어로 피스티스(πίστις)로, 하나님과 예수 그리스도에 대한 신뢰와 확신을 의미합니다. 그러므로 믿음의 방패를 가진다는 것은 하나님의 약속을 신뢰하고 확신하는 것입니다. 하나님에 대한 지식적인 믿음, 복과 기적만 추구하는 믿음, 감정에 치우친 믿음은 영적 전쟁에서 불화살을 막을 방패가 되지 못합니다. 어떤 상황에 있든지 내가 느끼는 감정과 상관없이 하나님을 신뢰하고 그 말씀을 확신하는 것, 그것이 바로 믿음의 방패를 가지는 것입니다.

아우슈비츠 강제 수용소의 한쪽 벽에는 "하나님은 여기에 계십니다"라는 글귀가 쓰여 있습니다. 그런데 이곳은 수많은 유대인이 독가스로 인해 목숨을 잃은 곳입니다. 비참한 상황에 놓여 있던 유대인들이 "하나님은 어디에 계십니까?"라며 울부짖을 때 한 그리스도인은 벽에 "하나님은 이곳에 계신다"라는 글을 남기며 신앙을 고백했습니다. 또한 〈교회오빠〉라는 영화로 유명한 이관희 집사와 부인 오은주 집사님은 각각 4기 대장암, 4기 혈액암 판정을 받은 상황에서, 이 집사의 어머니가 스스로 목숨을 끊는 고난까지 몰려왔습니다. 그러나 그들은 하나님의 은혜를 고백하며 어떤 환란이 와도 주님을 배신하지 않겠다며 기도했습니다. 수용소의 벽면에 글귀를 써 넣은 그리스도인, 고난의 상황에서도 천국 백성으로 삼아 주신 하나님께 감사한 이관희 집사와 오은주 집사님은 사탄의 불화살을 믿음의 방패로 막아 낸 믿음의 사람들입니다.

세상에서 살아가는 우리의 삶은 영적 전쟁 아래 놓여 있고, 우리는 매일 사탄의 불화살 공격을 받고 있습니다. 우리는 믿음의 방패로 불화살을 소멸해야 합니다. 사탄이 우리의 과거 죄를 들추어내며 참소의 불화살을 쏠 때 우리는 "의롭다 하신 이는 하나님이시니 누가 정죄하리요"(롬 8:33-34)라고 선포하며 물리쳐야 합니다. 그리고 하나님의 사랑이 우리를 떠났다고 불화살을 쏠 때, 우리는 '주 그리스도 예수 안에 있는 하나님의 사랑에서 끊을 수 없다'(롬 8:39)라고 선포하며 불화살을 막아내야 할 것입니다. 사탄이 우리에게 고난의 불화살, 질병의 불화살, 의심의 불화살을 쏘아 댈지라도 주님이 내 인생을 책임져 주심을 고백하고, 하나님을 향한 신뢰를 담대하게 선포한다면 우리는 악한 자의 모든 불화살을 믿음의 방패로 소멸할 수 있을 것입니다.

성령 안에서 기도하라

엡 6:18

모든 기도와 간구를 하되 항상 성령 안에서 기도하고 이를 위하여 깨어 구하기를 항상 힘쓰며 여러 성도를 위하여 구하라 하나님의 대사로서 이 세상에 보내진 우리의 삶은 한마디로 영적 전쟁입니다. 많은 성도가 영적 전쟁을 의식하지 못하면서 살고 있지만, 이 영적 전쟁은 가상이 아닌 실제입니다. 영적 전쟁은 꿈과 같은 가상이 아니고, 실전 훈련과 같은 시뮬레이션도 아닙니다. 승리와 패배를 가르는, 죽느냐 사느냐를 결정하는 실전입니다. 우리는 실제인 영적 전쟁에 대해 민감하게 반응하며 살아야 합니다.

영적 싸움 = 레슬링

사도 바울은 영적 전쟁에 대해 말하면서 '우리의 씨름'(엡 6:12)이라고 표현했습니다. KJV 성경은 이 씨름을 레슬링(Wrestle)으로 번역하고 있습니다. 레슬링은 양 선수가 서로의 손을 부여잡고 상대방을 쓰러트리기 위해 쉼 없이 움직이며 공격과 수비를 반복하는 격투기입니다. 팽팽한 대결 중에 잠깐이라도 방심한다면 엎어치기를 당하여 패배할 수 있습니다. 왜 사도 바울은 영적 전쟁을 씨름, 곧 레슬링으로 표현했을까요?

먼저, 영적 전쟁은 레슬링처럼 단 한 순간의 방심도 허용되지 않는 실제의 싸움이기 때문입니다. 이 싸움에는 분명한 대상이 있고 방어와 공격이 있습니다. 순간의 방심이 상대방에게 공격을 허용하여 패배를 가져올 수 있습니다. 다윗이 옥상을 한가하게 거닐다가 한순간 방심하여 넘어진 것처럼 말입니다. 사도 바울이 영적 전쟁을 레슬링에 비유한 두 번째 이유는, 영적 전쟁이 시작과 끝이 분명하고 승리와 패배가 결정되는 싸움이기 때문입니다. 영적 전쟁은 우리가 하나님의 자녀가 되는 순간 시작되고, 내 영혼이 육체의 장막을 벗고 이 땅을 떠나 하나님 곁으로 가는 순간 끝이 납니다. 또한 영적 전쟁은 무승부가 존재하는 세상의 싸움과는 달리 승리와 패배가 반드시 결정되는 싸움입니다. 그래서 하나님의 사람인 우리는 영적 싸움의 대상이 마귀임을 분명히 알고 그들의 공격을 막고, 그들을 공격할 전신 갑주를 입고 싸움에 나서야 합니다.

전신 갑주의 기능을 발휘하게 하는 것, '기도'

모든 기도와 간구를 하되 항상 성령 안에서 기도하고 이를 위하여
깨어 구하기를 항상 힘쓰며 여러 성도를 위하여 구하라 _ 엡 6:18

사도 바울은 영적 전쟁에 필요한 전신 갑주를 언급한 후 기도의 중요성을 강조합니다. 에베소서 6장 18절에는 '기도'와

관련된 말씀(모든 기도, 간구, 성령 안에서 기도하고, 깨어 구하기를 항상 힘쓰며, 여러 성도를 위하여 구하라)이 5번이나 나옵니다. 사도 바울이 전신 갑주를 말한 다음에 기도에 대해 이렇게 강조한 이유는 기도를 통해서만이 전신 갑주가 견고해지고 탁월하게 그 기능을 발휘할 수 있기 때문입니다. 최첨단의 무기로 무장되어 있을지라도 그것을 사용할 수 있는 사람이 없다면 무용지물이 되는 것처럼, 하나님의 전신 갑주로 무장되어 있을지라도 전신 갑주를 사용할 기도의 사람이 없다면 아무 소용이 없습니다. 기도로 하나님과의 친밀한 교제가 이뤄지고, 그 친밀함 속에서 굳건해진 믿음을 통해 사탄의 불화살을 막아 낼 수 있습니다. 또한 성령의 검도 기도하는 자의 손에 있을 때 예리한 검이 되어 정확하게 마귀를 대적할 수 있습니다. 그러므로 영적 전쟁에서 전신 갑주의 무기를 제대로 사용하기 위해서는 먼저 기도하는 자가 되어야 합니다.

영적 싸움에서의 기도의 중요성을 말해 주는 몇 가지 예를 들어 보고자 합니다. 먼저 예수님의 제자들의 경우입니다. 그들은 예수님과 함께 생활하면서 말씀을 배웠지만, 한 아버지가 귀신 들린 아이를 데리고 왔을 때 귀신을 내쫓지 못하고 쩔쩔매기만 했습니다. 이에 대해 예수님은 제자들에게 "기도 외에 다른 것으로는 이런 종류가 나갈 수 없느니라"(막 9:29)라고 말씀하셨습니다. 제자들이 영적 전쟁에서 승리하지 못한 이유가 기도하지 않았기 때문이라고 명확히 말씀하신 것입니다. 다음으로, 출애굽기 17장의 이스라엘과 아말렉의 전쟁에서 기도의 중요성을 알 수 있습니다. 모세는 이스라엘이 아말렉과 전쟁하는 동안 하나님의 지팡이를 손에 잡고 산꼭대기에 올라 손을 들고 기도했습니다. 모세가 손을 들면 이스라엘이 이기고, 손을 내리면 아말렉이 이겼습니다. 여기서 중요한 것은 싸움의 승패가 기도의 현장에서 결정되었다는 사실입니다. 마지막으로, 우리 예수님도 겟세마네 동산의 기도 현장에서 승리하셨기에 십자가를 지는 골고다의 현장에서 승리하실 수 있었습니다. 이처럼 기도의 자리와 기도의 현장은 영적 전쟁에 큰 영향을 미칩니다.

그런데 이 시대를 살아가는 성도들은 좀처럼 기도의 무릎을 꿇지 않습니다. 이전의 성도들보다 성경적인 지식은 많지만, 영적 전쟁에서는 더 많이 넘어지고 있습니다. 이는 기도의 현장에 머물지 않기 때문입니다. 사탄은 기도를 방해하고 막기 위해 전략을 세웁니다. 우리가 기도하려고 하면 무슨 수를 써서라도 기도를 막아섭니다. 기도할 때 하나님과 우리가 친밀해지고, 그 친밀함 속에서 살아 역사하는 믿음을 갖게 되며, 동시에 견고한 믿음의 방패가 만들어지기 때문입니다. 영적 전쟁은 하나님께 속한 전쟁이니 기도로 하나님의 손을 강하게 붙들어야 합니다.

'모든' 기도와 간구

모든 기도와 간구를 하되 _ 엡 6:18a

사도 바울은 모든 기도와 간구를 하라고 합니다. 여기서 '기도'는 하나님의 하나님 되심을 인정하면서 예배하는 마음으로 드리는 기도를 말합니다. 예를 들어 "주님의 이름을 찬양합니다. 나를 구원해 주시고 인도해 주심을 감사합니다. 하나님은 신실하신 분입니다"와 같은 기도를 말합니다. 그리고 '간구'는 하나님의 자녀가 된 자가 전능하신 하나님 아버지께 필요한 것을 얻기 위해 간청하는 기도입니다. 예를 들어 "내 힘으로 이 전쟁에서 승리할 수 없으니 주님 도와주십시오. 주님 나보다 앞서 행하시며 나를 위해 싸워 주십시오. 내게 새 힘을 공급하여 주십시오"와 같은 기도를 말합니다. '기도'를 통해 하나님과 깊은 관계를 맺을 수 있고, '간구'를 통해 하나님께 필요한 것을 공급받을 수 있으니 영적 전쟁에서 승리하기 위해서는 기도와 간구가 모두 필요합니다.

사도 바울은 기도와 간구에 대해 언급하면서 앞에 '모든'이라는 단어를 사용했습니다. 사탄이 공격하는 경로가 다양하고 광범위하기에, 사탄의 공격을 막아 낼 우리의 기도 역시 다양하고 지경이 넓어야 한다는 의미입니다. 기도하면 할수록, 주님과의 친밀함이 깊어질수록, 이 시대를 향한 사탄의 공격에 대해 알아갈수록 기도의 지경은 넓어질 수밖에 없습니다. 그래서 사도 바울은 기도와 간구 앞에 '모든'이라는 단어를 사용했습니다.

성령의 도우심을 받는 기도

모든 기도와 간구를 하되 항상 성령 안에서 기도하고 _ 엡 6:18a

사도 바울은 모든 기도와 간구를 항상 '성령 안에서' 하라고 말합니다. 성령 안에서 기도하는 것은 성령의 도우심을 받아 기도하는 것을 말합니다. 우리가 성령 안에서 성령의 도우심을 받아 기도해야 하는 이유는 첫 번째, 성령께서 우리의 연약함을 도우시기 때문입니다. 먼저 성령님은 예민하게 흔들리는 우리를 도우셔서 기도하게 하십니다. 우리는 기도가 필요한 줄 알면서도 행하지 못할 때가 많습니다. 하나님의 자녀가 된 자가 아버지 앞에 나아가 대화를 나누는 것이 기도이기에 가장 쉬운 것처럼 보이지만, 실제로 신앙생활을 해 보면 가장 어려운 것이 기도입니다. 기도는 영적인 일이기에 우리 영의 상태와 밀접한 연관이 있습니다. 마음을 먹는다고 마음대로 되는 것이 아닙니다. 마음에 조그마한 상심이 쌓이거나, 누군가에게 화를 한 번 내기만 해도 기도의 무릎을 꿇기가 어려워집니다. 그럴 때는 성령의 도움이 필요합니다. 성령의 도우심을 받을 때 기도하지 못하게 만드는 사탄의 참소를 물리칠 수 있습니다.

성령님은 마땅히 구해야 할 것을 친히 간구하십니다. 영적으로 연약한 우리는 마땅히 구해야 할 것이 아닌, 우리의 탐욕과 유익만을 위해 간구할 때가 많습니다. 그런데 성령께서 우리를 위해 탄식하며 친히 간구하십니다. 로마서 8장 26절에는 "이와 같이 성령도 우리의 연약함을 도우시나니 우리는 마땅히 기도할 바를 알지 못하나 오직 성령이 말할 수 없는 탄식으로 우리를 위하여 친히 간구하시느니라"라고 기록되어 있습니다. 전능하신 성령님께서 말로 표현할 수 없는 탄식으로 나를 위해 기도한다는 사실은 정말 놀라운 일입니다. 죽은 자를 살리시는 전능하신 성령님이 탄식으로 기도하시며 우리를 도우시는데, 죄성을 지닌 연약한 우리가 기도하지 않고 어떻게 승리의 삶을 살 수 있을까요?

우리가 성령 안에서 기도해야 하는 두 번째 이유는, 성령 안에서 기도해야 하나님의 뜻대로 기도할 수 있기 때문입니다. 우리는 죄성 때문에 하나님의 뜻을 알지 못할 때가 많습니다. 하나님의 뜻을 제대로 아는 것은 우리의 신앙생활에서 제일

어려운 일입니다. 그러나 성령님은 하나님 아버지의 뜻과 관심에 대해 잘 알고 계십니다. "이는 성령이 하나님의 뜻대로 성도를 위하여 간구하심이니라"(롬 8:27)라는 말씀처럼 성령님은 하나님의 마음을 알아 우리를 위해 친히 간구하십니다. 그러므로 성령의 인도하심을 따라 기도할 때 내 뜻이 아닌, 하나님의 뜻을 따라 기도할 수 있는 것입니다.

우리가 성령 안에서 기도해야 하는 세 번째 이유는, 항상 기도할 수 있기 때문입니다. 에베소서 6장 18절에 "항상 성령 안에서 기도하고 이를 위하여 깨어 구하기를 항상 힘쓰며"라고 기록되어 있는데, '항상'이라는 단어가 두 번 나옵니다. 이는 성령의 도우심을 받아 기도하면 언제든지 상황과 환경을 뛰어넘어 기도할 수 있음을 의미합니다. 사도 바울과 실라가 감옥에 매임을 당한 상황에서도 한밤중에 성령 안에서 찬송하며 기도한 것처럼 성령 안에서 기도하면 상황과 환경을 뛰어넘어 기도할 수 있습니다.

우리는 세상 안에서 영적 전쟁을 하며 살아가고 있습니다. 이 영적 전쟁에서 승리하기 위해서는 전신 갑주를 입고 싸워야 합니다. 그런데 이 전신 갑주를 잘 사용하기 위해서는 성령의 도우심을 받아 기도하면서 나아가야 합니다. 이 영적 전쟁은 하나님의 손에 달린 것이기에 하나님과 친밀하지 않다면 승리할 수 없습니다. 하나님의 사람인 우리가 성령님 안에서 기도하고 하나님과 깊은 관계를 맺으며 살아간다면 이 영적 전쟁에서 반드시 승리할 것이라 믿습니다.

기도의 지경을 넓히라

엡 6:19

또 나를 위하여 구할 것은 내게 말씀을 주사 나로 입을 열어 복음의 비밀을 담대히 알리게 하옵소서 할 것이니 사도 바울은 이 세상에서의 삶이 실제적인 영적 전쟁임을 알았습니다. 또한 마귀를 대적으로 하는 영적 전쟁에서 우리가 전신 갑주를 입고 나아가야 함을 밝히고, 이 전신 갑주를 제대로 사용하기 위해서는 항상 기도해야 한다고 언급했습니다. 영적 전쟁은 기도의 현장에서 승패가 좌우되기 때문입니다. 사도 바울은 기도의 중요성을 언급한 후 기도의 지경을 넓히라고 이야기합니다. 우리의 삶에도, 눈에 보이지 않는 영적 세계에도 경계라는 것이 존재합니다. 우리는 이 영적 세계의 지경을 넓히고, 기도의 지경을 넓혀야 합니다.

삶의 지경을 넓힌 '야베스의 기도'

역대상 4장 10절 말씀을 보면 야베스는 하나님께 '나의 지경을 넓혀 주세요'라고 기도합니다. 야베스는 '불행의 분깃'을 안고 태어나 불행하게 자란 사람입니다. 어머니가 그를 낳고 '슬픔과 고통'이라는 뜻인 '야베스'라고 이름 지은 것만 보아도 그의 불행을 짐작할 수 있습니다. 그러나 야베스는 자신의 이름대로 슬프고 고통스럽게 살기를 원하지 않았습니다. 그는 생사화복을 주관하시는 하나님께 부르짖어 기도했는데, 그 기도 제목 중 하나가 '나의 지경을 넓혀 달라'라는 것이었습니다. 지경을 넓혀 달라는 것은 하나님의 영광을 위해 쓰임받을 수 있도록 더 많은 기회를 달라는 의미입니다. 그래서 하나님은 그의 기도를 듣고 그의 지경을 넓혀 존귀한 자로 세워 주셨습니다.

자신이 행복한 삶을 살 수 없는 존재라고 생각하며 운명론적인 삶을 살고 있다면, 야베스처럼 하나님 앞에 무릎을 꿇고 기도하십시오. 하나님께서 우리의 삶을 붙드신다면 우리는 슬픔과 고통의 사람이 아니라, 선한 영향력을 미치는 사람이 될 수 있습니다. 하나님의 나라와 영광을 위해 귀하게 쓰임받는 사람이 될 수 있습니다.

기도의 지경을 넓혀라

하나님의 사람인 우리는 삶의 지경뿐만 아니라, 기도의 지경을 넓혀야 합니다. 기도의 지경을 넓힌다는 것은 나와 내 자녀, 내 가정만을 위해 기도하는 것이 아니라, 내가 아닌 다른 누군가를 위한 중보기도를 드려야 한다는 것입니다. 나라와 민족, 열방과 열방을 향해 나아가신 선교사님, 난민, 북한의 동포와 새터민, 다음세대, 교회와 교회의 비전을 위한 기도 말입니다.

여러 성도를 위하여 구하라 _엡 6:18b

사도 바울은 기도를 강조하면서 먼저, '여러 성도'를 위해서 기도하라고 합니다. 성경을 보면 하나님의 사람들은 자신만을 위해 기도하지 않았습니다. 아브라함은 하나님의 심판을 앞둔 소돔과 고모라 성을 위해 기도했고, 모세는 하나님께서 금송아지 우상을 만들어 숭배한 이스라엘 백성을 진멸하겠다고 하시자 그 뜻을 거두시길 기도했습니다. 그리고 예수님도 이웃의 집에 들어가면 가장 먼저 그 집의 평안을 위해 기도하라고 말씀하셨습니다.

주위를 둘러보면 우리의 중보기도를 필요로 하는 사람이 많습니다. 암과 투병하는 사람, 자녀의 비행과 남편의 폭력으로 눈물 흘리는 사람, 이단에 빠진 가족을 위해 치열한 영적 전쟁을 치르는 사람, 경제적인 어려움으로 고달픈 하루를 살아가는 사람 등 눈을 들고 둘러보면 많은 사람이 우리의 기도를 필요로 합니다. 오스왈드 챔버스(Oswald Chambers) 목사는 "중보기도를 제대로 하려는 마음을 품기 전까지는 우리 모두 바리새인이다"라고 말했습니다. 자신만을 위해 기도하는 사람은 자신의 탐욕만을 위해 살았던 당시의 바리새인과 같다는 의미입니다. 오늘 누구를 위하여 기도하고 있습니까? 지금은 주변을 둘러보며 우리의 기도가 필요한 사람들을 위해 기도의 무륳을 꿇을 때입니다.

'나'를 위하여 구하라

또 나를 위하여 구할 것은 _엡 6:19a

사도 바울은 여러 성도를 위하여 기도하라고 말한 후에 자신을 위해서 기도해 줄 것을 부탁합니다. 사도 바울은 중보기도의 위력을 아는 사람이었기에 끊임없이 자신을 위해 기도해 달라고 부탁했습니다. 로마 교회 성도에게(롬 15:30), 고린도 교회 성도에게(고후 1:11), 데살로니가 교회 성도에게(살후 3:1), 골로새 교회 성도에게(골 4:3)에게 중보기도를 요청했습니다.

사도 바울이 사람들에게 부탁한 기도의 내용을 살펴보면, 먼저 하나님께서 자신에게 말씀을 주시도록 기도를 부탁했습니다. 에베소서 6장 19절 상반절의 말씀을 보면 "또 나를 위하여 구할 것은 내게 말씀을 주사"라고 말하고 있습니다. 이때 사도 바울은 감옥에 갇혀 있는 상태였습니다. 하루라도 빨리 감옥에서 나오게 해 달라고 기도해야 할 상황에 자신의 안위와 석방이 아닌, 하나님께서 자신에게 말씀을 주시도록 기도를 부탁했습니다. 그는 감옥에서 만난 죄수, 간수, 자신을 신문

하는 자, 자신을 찾아오는 자들에게 복음을 전할 수 있도록 하나님의 말씀을 구한 것입니다. 하나님의 말씀을 선포하는 자들에게는 이 기도가 정말 필요합니다. 성령께서 때와 상황에 맞는 말씀을 주셔야 말씀을 들은 자들이 그에 합당한 열매를 맺기 때문입니다. 그래서 사도 바울은 하나님의 말씀을 구했습니다.

다음으로 사도 바울은 복음의 비밀을 담대히 알리기 위한 기도를 부탁했습니다. 에베소서 6장 19절의 말씀에서 사도 바울은 "나로 입을 열어 복음의 비밀을 담대히 알리게 하옵소서 할 것이니"라고 말합니다. '복음'은 하늘로부터 오는 좋은 소식을, '비밀'은 내 안에 계시는 예수 그리스도를 의미합니다. 즉, '복음의 비밀'이란 예수 그리스도를 통한 우리의 구원을 말합니다. 예수 그리스도만이 죄인을 구원하는 비밀이라는 것을 알고 있었던 사도 바울은 그 비밀을 담대히 전하고 싶었던 것입니다.

인간의 타락 이후 하나님은 아들을 세상에 보내어 십자가에 달려 죽게 하심으로 그 죗값을 치르시고, 이를 믿는 자들의 죄를 사하셨습니다. 그리고 사흘 만에 부활하게 하셔서 사망 권세를 깨트리고 부활의 생명으로 죽은 자들을 다시 살리실 구원의 계획을 이루셨습니다. 악한 영은 이 위대한 복음의 비밀을 전혀 알지 못했습니다. 그래서 그들은 예수님을 못 박아 죽임으로써 자신들이 승리했다고 착각했습니다. "십자가의 도가 멸망하는 자들에게는 미련한 것이요 구원을 받는 우리에게는 하나님의 능력"(고전 1:18)이라는 사도 바울의 고백처럼 마귀의 일을 멸하고 승리하신 예수님의 십자가는 구원받은 우리에게 큰 능력이 됩니다. 사도 바울은 이 위대한 복음의 비밀을 담대하게 전하기 위해 많은 이에게 기도를 부탁했고, 사도 바울은 중보기도에 힘입어 어디에서든지 담대하게 복음을 전했습니다.

복음의 비밀과 담대함

최고의 영적 전쟁은 복음을 전하는 것입니다. 복음의 비밀이 선포되면 많은 영혼이 예수를 믿고 죄와 죽음의 법에서 해방됩니다. 그리고 하나님의 자녀가 된 영혼들이 다시 복음의 비밀을 선포할 것이고 점점 하나님의 나라가 확장될 것입니다. 사탄은 복음의 비밀을 전하는 것을 제일 싫어하기에 복음을 전하는 사람들을 공격합니다. 그래서 복음의 비밀을 전하는 사람에게 담대함이 필요한 것입니다.

또한 복음의 비밀을 전하는 사람에게 담대함이 필요한 이유는, 복음의 비밀이 인간의 상식과 이성으로는 결코 이해될 수 없는 것이기 때문입니다. 하나님의 아들이 인간의 몸으로 세상에 오셨다는 사실, 예수님이 시공간을 초월하여 내 죄를 담당하고 죽으셨다는 사실, 죽었던 예수님이 사흘 만에 다시 살아나셨다는 사실, 우리 안에 예수님이 거하신다는 사실은 인간의 이성으로는 이해할 수 없는 것들입니다. 그래서 많은 사람이 '내 말을 듣고 사람들이 믿어 줄까? 나를 이상한 사람으로 생각하는 것은 아닐까?'라고 생각하며 복음 전하는 일을 주저합니다. 하지만 전도는 '설득'하는 것이 아니라 '선포'하는 것입니다. 예수를 만난 증인으로서 복음의 비밀을 선포하는 것입니다. 우리가 담대하게 복음의 비밀을 선포하면 성령께서 역사하시고, 성령의 역사를 통해 영혼이 예수를 영접하여 거듭나는 역사가 일어나는 것입니다. 그러므로 우리는 복음의 비밀을 담대하게 선포해야 합니다.

우리는 복음의 비밀을 선포하는 일에 직접 참여해야 합니다. 그리고 복음의 비밀을 선포하는 교회의 영적 지도자를 위해 기도해야 합니다. 하나님이 말씀을 주셔야 교회의 영적 지도자가 때와 상황에 맞는 말씀을 선포하고, 담대하게 복음의 비밀을 선포할 수 있기 때문입니다. 사탄은 주님이 피로 세우신 교회를 넘어뜨리려 호시탐탐 노리고 있습니다. 특히 사탄은 교회를 넘어뜨리기 위해 가장 먼저 영적 전쟁의 선봉에 있는 교회의 지도자를 공격합니다. 그러므로 우리는 담임목사와 담당 교역자를 위해 기도해야 합니다.

설교의 대가로 알려진 영국의 찰스 스펄전(Charles Haddon Spurgeon) 목사는 22세의 나이에 영국에서 가장 영향력 있는 설교자가 되었습니다. 그의 설교에는 엄청난 기름부으심이 있어 매주 만 명이 넘는 성도가 몰려와 예배를 드렸습니다. 어느 날 사람들이 찾아와 비결을 물어보았을 때, 그는 말없이 조그마한 성전 지하로 내려갔습니다. 그 문을 열어 보니 몇백 명의 중보기도자가 모여서 그를 위해 기도하고 있었습니다. 그의 성공적인 사역 뒤에는 이렇게 엄청난 중보기도가 있었던 것입니다. 이와 같이 하나님께 쓰임받는 종의 뒤에는 중보하며 기도하는 많은 사람이 있었습니다. 우리도 하나님께서 우리 교회의 사역자들에게 하나님의 말씀을 주시고, 그분들이 복음의 비밀을 담대하게 선포하게 해 달라고 간절히 기도해야 할 것입니다.

너희는 자녀를 이렇게 축복하라

민 6:22-27

22 여호와께서 모세에게 말씀하여 이르시되

23 아론과 그의 아들들에게 말하여 이르기를 너희는 이스라엘
   자손을 위하여 이렇게 축복하여 이르되

24 여호와는 네게 복을 주시고 너를 지키시기를 원하며

25 여호와는 그의 얼굴을 네게 비추사 은혜 베푸시기를 원하며

26 여호와는 그 얼굴을 네게로 향하여 드사 평강 주시기를 원하
   노라 할지니라 하라

27 그들은 이같이 내 이름으로 이스라엘 자손에게 축복할지니
   내가 그들에게 복을 주리라

이 땅의 모든 부모가 자녀의 성공을 바랍니다. 좋은 학교를 나와 번듯한 직장에 들어가서 풍족한 환경에서 살기를 원하고, 영향력 있는 사람이 되길 소망합니다. 그래서 자녀의 성공을 위해서라면 어떤 수단과 방법도 가리지 않습니다. 이는 믿음의 부모도 크게 다르지 않습니다. 수능 당일에 수험생 부모들이 함께 모여 수능 시간표에 맞춰 부르짖어 기도하는 모습을 보면 그 간절함을 느낄 수 있습니다. 부모가 자녀를 위해 희생을 하고 간절히 기도하는 모습을 보면서, 부모가 이렇게 최선을 다하는 만큼 자녀들이 행복하고 성공적인 인생을 살고 있는지 궁금증이 생깁니다. 과연 자녀들은 지금 행복한 삶을 살고 있을까요?

행복하지 않은 아이들

초록우산 어린이재단에서 2022년에 초등학교 5학년부터 고등학교 2학년까지 2천 231명을 대상으로 아동 행복지수를 조사했습니다. 그런데 86.9%에 해당하는 1,940명의 행복지수가 '낮음'으로 집계되었습니다. 더 안타까운 것은 극단적 선택을 생각한 적이 있다는 아이들이 2021년 4.4%, 2022년 7.7%, 2023년 10.2%로 점점 늘어 가고 있다는 것입니다. 이는 10명

중 한 명이 극단적 선택을 시도했거나 생각을 한 적이 있었음을 의미합니다. 이 조사의 결과를 보며 우리의 자녀 세대가 행복하지 않음을 알 수 있습니다. 이전의 세대보다 부모의 더 많은 관심과 지원을 받고 있지만, 지금의 세대는 큰 불안과 두려움 속에서 죽음까지도 생각하며 살고 있습니다. 자녀들이 이러한 삶을 살게 된 이유 중 하나는 부모인 우리가 잘못된 사랑을 주고, 자녀들을 위해 잘못된 기도를 드렸기 때문이지 않을까 생각합니다.

자녀를 위한 가장 확실한 투자, '기도'

여호와께서 모세에게 말씀하여 이르시되 아론과 그의 아들들에게
말하여 이르기를 너희는 이스라엘 자손을 위하여
이렇게 축복하여 이르되 _민 6:22-23

하나님은 제사장인 아론과 그 아들들에게 이스라엘 자손을 위하여 축복하라고 말씀하십니다. 그러면 구약 시대에는 제사장만 축복할 수 있는 특권을 가지고 있었을까요? 아닙니다. 성경을 보면 구약 시대에는 제사장뿐만 아니라 아버지도 자식을 위해 축복기도를 할 수 있었습니다. 그렇다면 오늘 우리가

살아가는 새로운 언약의 시대에는 누가 축복기도를 할 수 있을까요? 오늘날은 하나님의 사람이라면 누구든지 축복기도를 할 수 있습니다. 왜냐하면 "너희는 택하신 족속이요 왕 같은 제사장들이요"(벧전 2:9)라는 말씀처럼 우리는 모두 왕과 같은 제사장이기 때문입니다. 특히 가정의 제사장인 부모는 자녀를 축복할 특권을 가지고 있습니다. 모세와 아론이 이스라엘 백성을, 이삭이 야곱을, 예수님이 어린아이를 품에 안고 축복하셨던 것처럼 부모는 영적인 제사장으로서 자녀를 축복해야 합니다.

믿음의 부모와 믿음이 없는 부모의 큰 차이점은 예수님의 이름으로 자녀를 축복하느냐 또는 하지 않느냐의 차이입니다. 믿음이 없는 부모는 예수님의 이름으로 자녀를 축복할 수 없지만, 믿음의 부모는 예수님의 이름으로 자녀를 축복할 수 있습니다. 이는 정말 아름다운 일이며 행복한 특권입니다. 롤프 가복(Rolf Garborg)은 『하루에 한번 자녀를 축복하라』라는 책에서 "자녀를 위한 가장 확실한 투자는 바로 하루에 한 번 자녀를 축복하는 것이다"라고 말했습니다. 사람들이 자녀의 성공을 위해 수많은 돈과 시간을 투자하지만, 열매가 늘 아름다운 것은 아닙니다. 우리가 기억해야 할 가장 확실한 투자는 바로 기도임을 기억해야 합니다. 하루에 한 번씩 자녀를 말씀으로 축복하는 것, 이것이 바로 자녀를 위한 가장 확실하고 아름다운 투자입니다.

복의 근원이신 하나님

그들은 이같이 내 이름으로 이스라엘 자손에게 축복할지니

내가 그들에게 복을 주리라 _민 6:27

＼

하나님은 이스라엘 자손에게 축복해야 할 내용을 말씀하신 후에 "내가 그들에게 복을 주리라"라고 하십니다. '내가' 복을 주신다는 말씀은 곧, 복의 근원이 오직 '하나님'이라는 것을 의미합니다. 축복하라고 명하신 분도, 축복을 주겠다고 말씀하신 분도 바로 하나님이십니다. 우리가 복을 달라고 기도할 때 복을 주시는 주체는 하나님이십니다. 하나님의 이름으로 축복하는 제사장들도 본인이 직접 복을 줄 수는 없습니다. 그래서 제사장은 "내가 너희에게 복을 주노라"라고 말하지 않고, "여호와는 … 너를 지키시기를 원하며 여호와는 … 은혜 베푸시기를 원하며 여호와는 … 평강 주시기를 원하노라"(민 6:24-26)라고 말합니다. 모든 복은 하나님으로부터 시작해서 하나님으로 완성됩니다. 하나님이 복의 주체이시며 근원이십니다.

우리는 자녀를 위해 기도할 때 하나님만이 복의 근원이심

을 믿고, 하나님께서 반드시 응답하실 것을 확신해야 합니다. 그런데 우리에게는 이러한 믿음이 없습니다. 우리에게 믿음이 있다면 주일 예배와 수련회 대신 시험 대비를 위한 학원을 보내지는 않을 것입니다. 믿음이 없다면 우리는 하나님을 기쁘게 할 수도 없고, 하나님의 역사를 경험할 수도 없습니다. 복의 근원이신 하나님만을 신뢰하는 우리가 되어야 합니다.

하나님께서 가르쳐 주신 축복의 내용

아론과 그의 아들들에게 말하여 이르기를

너희는 이스라엘 자손을 위하며 이렇게 축복하여 이르되 _민 6:23

하나님은 제사장인 아론과 그 아들들에게 이스라엘 백성을 '이렇게' 축복하라고 말씀하십니다. 우리의 마음대로 축복하는 것이 아니니라 하나님께서 가르쳐 주신 대로 축복하라고 하십니다. 하나님께서 말씀하신 '이렇게'라는 축복의 내용은 무엇일까요?

첫째, 하나님의 보호하심을 구하라고 하셨습니다. "여호와는 네게 복을 주시고 너를 지키시기를 원하며"(민 6:24)라는 말씀을 통해, 우리가 하나님께 구해야 할 축복이 '하나님의 보호하심'임을 알 수 있습니다. 말씀에서 "지키시며"라는 단어의 의미는 '둘레에 가시로 울타리를 치다'입니다. 악한 세력과 가난, 재앙, 질병과 전쟁으로부터 울타리를 쳐서 철저하게 지킨다는 뜻입니다. 하나님의 보호하심은 민수기 6장에 등장하는 광야를 행군하는 이스라엘 백성에게만 필요한 것이 아니라, 오늘을 살아가는 우리와 우리의 자녀에게도 필요합니다. 학교 폭력, 청소년 마약, 인터넷을 통한 음란과 자살의 유혹, 온갖 바이러스, 신천지를 비롯한 이단 등이 주변을 맴돌며 우리 자녀들의 영혼을 훔치려고 노리고 있습니다. 더 나아가 사탄 마귀가 우는 사자처럼 삼킬 자를 찾으며 우리 자녀들을 공격하기에(벧전 5:8), 우리 자녀들에게는 하나님의 보호하심이 필요합니다. 그러므로 우리는 하나님께서 복을 주셔서 우리의 자녀들을 지켜 주시도록 기도해야 합니다. 우리가 아무리 수고하여 많은 것을 가졌을지라도 그것을 지킬 수 없다면 의미가 없습니다. 그러므로 우리는 가장 먼저 하나님께 우리의 자녀들을 보호해 달라고 기도해야 할 것입니다.

둘째, 하나님의 은혜 베푸심을 구하라고 하셨습니다. 성경에서는 "여호와는 그의 얼굴을 네게 비추사 은혜 베푸시기를 원하며"(민 6:25)라고 말하고 있습니다. 여기서 은혜는 아무런 자격이 없음에도 불구하고 조건 없이 베풀어 주시는 하나님의 호의와 사랑을 말합니다. 우리가 구원을 받아 지금까지 살아온 모든 것이 하나님의 은혜이고, 우리는 하나님의 은혜 없이는 살 수 없는 존재입니다. 우리는 은혜를 받아야 스스로가 죄인임을 깨닫고, 자신의 약함을 알고, 세상을 이길 힘도 얻을 수 있습니다. 그러므로 우리는 하나님의 은혜를 항상 사모해야 하고, 이를 우리의 자녀들에게도 가르쳐야 합니다.

민수기 6장 25절에서 하나님은 하나님의 얼굴을 비추사 은혜를 베푸시길 원한다고 말씀하십니다. 이때 '얼굴'은 그 사람의 성품과 전인격을 상징합니다. 따라서 하나님께서 얼굴을 비추신다는 것은 우리에게 은혜를 베풀고 싶어 하시는 하나님의 마음을 표현한다고 볼 수 있습니다. 우리를 바라보는 하나님의 마음은, 잠든 어린아이의 얼굴을 사랑스럽게 바라보는 부모의 마음과 같습니다. 하나님은 지금도 우리에게 은혜를 베풀기를 원하셔서 당신의 얼굴을 비추고 계십니다. 그러므로 우리는 하나님께 "당신의 얼굴을 나와 내 자녀에게 비추시고, 은혜를 베풀어 주세요"라고 기도해야 할 것입니다. 우리는 주님의 은혜 없이는 한순간도 살 수 없는 존재입니다.

셋째, 하나님의 평강을 구하라고 하셨습니다. 성경에서는 "여호와는 그 얼굴을 네게로 향하여 드사 평강 주시기를 원하노라"(민 6:26)라고 말씀합니다. 모든 행복은 평강으로부터 시작됩니다. 아무리 재물이 많고, 높은 지위에 올랐다고 하더라도 마음에 평강이 없다면 아무 의미가 없습니다. 이 마음의 평강은 오직 여호와 하나님만 주실 수 있습니다. 예수님은 "평안을 너희에게 끼치노니 곧 나의 평안을 너희에게 주노라 내가 너희에게 주는 것은 세상이 주는 것과 같지 아니하니라"(요 14:27)라고 하시며 주님께서 주시는 평안은 세상이 줄 수 없음을 강조하셨습니다.

하나님은 세상이 줄 수 없는 이 평강을 우리에게 주실 때, 하나님의 얼굴을 우리에게 향하신 상태에서 주신다고 하셨습니다. 하나님께서 그 얼굴을 우리에게 향하시는 것은 우리에게 '복'이고, 하나님께서 그의 얼굴을 돌리시는 것은 우리에게 '저주'입니다. 그러므로 하나님께서 평강을 주시기 위해 우리에게 얼굴을 향하며 드신다는 것은 우리를 향한 놀라운 관심과 사랑의 표현임을 알 수 있습니다. 우리는 우리와 우리의 자녀에게 하나님께서 늘 얼굴을 향하시길, 평강을 주시길 기도해야 할 것입니다.

우리는 왕 같은 제사장이므로 축복할 수 있는 특권이 있습니다. 하나님께서 주신 그 특권으로 우리의 자녀를 축복해야 합니다. 하나님의 이름으로 하나님께서 가르쳐 주신 대로 자녀를 축복해야 합니다. 하나님의 보호하심과 은혜 베푸심 그리고 하나님의 평강을 구하며 자녀를 축복해야 할 것입니다. 복의 근원이신 하나님을 신뢰하며 자녀를 축복할 때, 서로가 하나님의 축복의 통로가 될 것입니다.

≡

Part 3.

탄식 속에서
　　근심하지 않기를

누가 풍랑을 이기는가?

행 27:22-25

22 내가 너희를 권하노니 이제는 안심하라 너희 중 아무도 생명
에는 아무런 손상이 없겠고 오직 배뿐이리라

23 내가 속한 바 곧 내가 섬기는 하나님의 사자가 어제 밤에 내
곁에 서서 말하되

24 바울아 두려워하지 말라 네가 가이사 앞에 서야 하겠고 또
하나님께서 너와 함께 항해하는 자를 다 네게 주셨다 하였으
니

25 그러므로 여러분이여 안심하라 나는 내게 말씀하신 그대로
되리라고 하나님을 믿노라

정체성의 중요성

"한번 해병은 영원한 해병!"이라는 말을 들어 보셨을 것입니다. 해병대원이 지닌 정체성을 드러내는 말입니다. 해병대 출신은 누굴 만나도 자신이 해병대 출신임을 자랑스럽게 드러내고, 다른 사람들과 구별되어야 한다는 인식을 가지고 있습니다. 이처럼 해병대원들은 정체성을 중요하게 생각합니다. 세상의 군대도 이렇게 정체성을 중요시하는데, 하물며 하나님의 군대로 부름받은 우리는 어떠해야 할까요? 하나님의 영적 군사라는 정체성을 더욱더 분명하게 지녀야 할 것입니다. 우리는 세상 속에서 세상 사람들과 더불어 살아갑니다. 때로는 나를 미워하고 모함하는 사람과 만나기도 하고, 생활의 염려나 질병 때문에 근심으로 욱여쌈을 당하여 사망의 음침한 골짜기를 거닐기도 합니다. 또한 이해할 수 없는 인생의 풍랑을 만나거나 악한 영과 치열한 영적 전쟁을 벌일 때도 있습니다. 이러한 상황일수록 우리는 자신의 정체성을 확고히 해야 합니다. 정체성이 분명해야 세상 속에서 흔들리지 않습니다. 또한, 나를 부인하고 십자가를 지고 주님을 따를 수 있으며, 치열한 영적 전쟁에서 승리할 수 있습니다.

『지선아 사랑해』라는 책으로 유명한 이지선 교수는 대학교 4학년 때 음주 운전 차량에 사고를 당해 전신 55%에 3도 화상을 입고 수차례 수술을 받았습니다. 그는 처음에 자신의 얼굴을 받아들이기 어려워서 두 가지 선택지에서 고민했다고 합니다. 하나는 옥상을 찾는 일이고, 다른 하나는 하나님을 찾는 일이었습니다. 고민 끝에 하나님을 선택한 그는 교회로 가 하나님께 "왜 나를 이런 모습으로 살려 놓으셨나요?" 하고 따졌습니다. 그때 하나님은 "너의 얼굴을 회복해 줄 거야"가 아닌, "사랑하는 딸아"라고 말씀하셨습니다. 자신의 모습을 받아들이지 못하는 상황에도 하나님은 사랑한다고 말씀하신 것입니다. 그리고 그를 병들고 약한 자들에게 희망을 전하는 메신저로 세울 것이라고 말씀하셨습니다. 이후 그는 '하나님의 사랑을 받는 하나님의 딸'이라는 정체성을 가지게 되었습니다. 그리고 희망의 메신저가 되겠다는 비전을 품었습니다. 그는 현재 모교인 이화여자대학교의 교수가 되어, 사람들에게 희망을 전하는 희망의 전도사로 살아가고 있습니다. 이 모든 것은 하나님의 사람이라는 정체성을 지니고 살았기 때문에 가능했습니다.

하나님께 속한 자

자녀들아 너희는 하나님께 속하였고 또 그들을 이기었나니

이는 너희 안에 계신 이가 세상에 있는 자보다 크심이라

그들은 세상에 속한 고로 세상에 속한 말을 하매

세상이 그들의 말을 듣느니라 _요일 4:4-5

＼

성경은 이 세상에 두 종류의 사람이 존재한다고 말합니다. 바로 '하나님께 속한 자'와 '세상에 속한 자'입니다. 하나님께 속한 자는 예수님을 믿고 새 생명으로 거듭난 사람을 말하고, 세상에 속한 자는 예수님의 생명으로 거듭나지 못한 사람, 즉 죄와 죽음의 문제를 해결 받지 못한 사람을 말합니다. 예수님은 "너희는 세상에 속한 자가 아니요 도리어 내가 너희를 세상에서 택하였기 때문에 세상이 너희를 미워하느니라"(요 15:19)라고 말씀하십니다. 하나님께 속한 자가 세상에 속한 자들로부터 미움을 받을 것이라는 뜻입니다. 세상은 예수님을 믿어 소속과 신분이 바뀐 우리를 미워합니다. 우리가 세상에 속한 자의 모습으로 살지 않기 때문입니다. 그러므로 하나님께 속한 우리는 하나님의 사람이라는 분명한 정체성으로 세상의 미움 속에서도 흔들리지 않고 살아가야 합니다.

정체성이 분명한 사람들

▌바울

로마 시민권을 가진 사도 바울이 로마 황제 가이사에게 재판을 받으러 가는 길에 유라굴로라는 광풍을 만납니다. 바울이 탄 배에는 다른 죄수들과 로마의 군인 등 276명이 타고 있었습니다. 배 안의 사람들은 풍랑을 해결해 보려고 짐들을 풀어 바다에 던지고, 배의 기구들마저 바다에 던져 버렸습니다. 하지만 이는 문제를 해결해 주지 못했습니다. 풍랑은 여전했고 사람들에게 남은 것은 절망뿐이었습니다. 배에 타고 있는 사람들은 낙심하여 죽음의 순간만을 기다리고 있었습니다.

> 내가 너희를 권하노니 이제는 안심하라 너희 중 아무도 생명에는
>
> 아무런 손상이 없겠고 오직 배뿐이리라 _행 27:22

위의 말씀은 죄수의 신분인 사도 바울이 배의 한복판에서 두려움에 떨고 있는 사람들에게 한 말입니다. 그리고 다시 한 번 "그러므로 여러분이여 안심하라 나는 내게 말씀하신 그대로 되리라고 하나님을 믿노라"(행 27:25)라고 말합니다. "안심하라"라는 바울의 말이 사람들에게 소망을 주었습니다. 바울의

선포대로 배만 손상을 입고 배에 탔던 모든 사람이 무사히 멜리데섬에 상륙할 수 있었습니다. 죄수 신분인 바울이 이렇게 담대하게 선포할 수 있었던 것은 하나님이 주신 평안과 담대함 덕분입니다. 거친 풍랑 속에서 다른 사람들은 소망 없이 죽음의 순간만 기다렸지만, 바울은 주님이 주시는 평안을 누렸습니다. 그렇다면, 어떤 사람이 바울처럼 담대하게 풍랑을 이길 수 있을까요?

첫째, 하나님의 음성을 듣는 자입니다. 사도 바울은 사람들에게 "하나님의 사자가 어제 밤에 내 곁에 서서 말하되"(행 27:23)라며 하나님의 사자를 통해 하나님의 음성을 들었다고 말합니다. 또한 하나님의 사자가 "바울아 두려워하지 말라 네가 가이사 앞에 서야 하겠고 또 하나님께서 너와 함께 항해하는 자를 다 네게 주셨다 하였으니"(행 27:24)라고 했습니다. 이렇게 바울이 풍랑 속에서도 평안하며, 다른 이들에게 안심하라고 당당하게 말할 수 있었던 것은 하나님의 음성을 들었기 때문입니다. 다른 사람들이 풍랑을 거센 풍랑과 세찬 바람 소리에 겁을 내고 있을 때, 바울은 풍랑 속에서 주님의 음성을 듣고 있었습니다. 즉, 바울은 파도가 아닌 파도를 다스리시는 분에게 시선을 집중한 것입니다. 우리도 마찬가지입니다. 큰 풍랑을 만날지라도 "내가 너를 사랑한다, 두려워하지 말라, 세상 끝날까지 너와 항상 함께 있으리라"라고 말씀하시는 주님의 음성에 집중한다면, 하나님의 평안을 누릴 수 있습니다.

둘째, 자신의 정체성이 분명한 자입니다. 바울은 "내가 속한 바 곧 내가 섬기는 하나님의 사자"(행 27:23)가 자신에게 하나님의 음성을 전했다고 말합니다. 죄수의 신분임에도 불구하고 자신이 하나님께 속한 자이고 자신은 하나님을 섬긴다고 분명하게 말합니다. 바울은 자신이 누구이고, 어디에 속한 자인지 자신의 정체성을 분명하게 알고 있었습니다. 그래서 모든 사람이 두려워 떨고 있을 때 자신은 하나님의 사람이고, 하나님을 섬기는 자라고 당당하게 외쳤던 것입니다. 이렇듯 자신의 정체성을 분명히 알고 있는 자가 인생의 풍랑을 이길 수 있습니다. 자신의 정체성이 분명한 자가 풍랑 속에서 평안을 누리고 당당하게 인생을 살아갈 수 있습니다.

▎다니엘과 세 친구

> 다니엘은 뜻을 정하여 왕의 음식과 그가 마시는 포도주로 자기를 더럽히지 아니하리라 하고 자기를 더럽히지 아니하도록 환관장에게 구하니 _단 1:8

다니엘과 세 친구는 어릴 때부터 자신들이 '하나님의 자존심'이라는 의식이 있었습니다. 그래서 왕이 먹는 음식과 포도

주를 거절했습니다. 당시 왕의 음식은 바벨론의 신들에게 먼저 바친 후 주어지는 우상의 제물이었습니다. '하나님의 사람'이라는 정체성이 분명했던 다니엘과 세 친구는 하나님의 사람으로서 우상의 제물을 먹는 것을 용납할 수 없었기에 왕의 음식을 거절한 것입니다. 또한 다니엘은 왕 이외에 다른 신에게 무엇을 구하면 사자 굴에 던져진다는 것을 알면서도 평소대로 하루 세 번씩 무릎 꿇고 기도하며 하나님께 감사했고(단 6:10), 다니엘의 세 친구도 마찬가지로 금 신상에 절하지 않으면 맹렬히 타는 풀무불에 던져진다는 것을 알면서도 금 신상에 절하지 않았습니다(단 3:12). 그들은 끝까지 하나님의 사람이라는 정체성을 지키며 하나님의 자존심으로 살았습니다.

▮ 세례 요한

> 내가 말한 바 나는 그리스도가 아니요 그의 앞에 보내심을 받은 자라고 한 것을 증언할 자는 너희니라 _요 3:28

세례 요한은 예수님보다 출신 배경이 훨씬 뛰어났고, 예수님보다 먼저 사역을 시작했습니다. 헤롯왕도 세례 요한의 말을 들어줄 정도로 이스라엘에서 그의 명성은 대단했습니다. 사람들이 세례 요한에게 "당신이 오실 그입니까? 당신이 메시아입니까?"라고 물을 때, 고개를 한 번 끄덕이기만 해도 그는 국민의 영웅이 될 수 있었습니다. 그러나 세례 요한은 '그리스도가 아니고, 자신은 그의 앞에 보내심을 받은 자'라고 고백합니다. 세례 요한은 하나님께서 자신에게 맡기신 역할과 자신의 정체성을 분명히 알고 있었던 것입니다.

정체성을 아는 것의 중요성

주변을 둘러보면 자신이 누구인지, 어디에 속한 존재인지, 왜 존재하는지를 모르는 사람이 많이 있습니다. 자신의 정체성을 아는 것은 정말 중요합니다. 정체성을 알아야 세상의 유혹을 이기고 영적 싸움에서 승리할 수 있습니다. 정체성을 아는 자가 인생의 풍랑에서 평안을 누리고 담대하게 나아갈 수 있습니다. 그리고 정체성이 분명한 자가 포기하지 않으며 다시 일어설 수 있습니다. 하나님이 나를 포기하지 않으신다는 사실을 알기 때문입니다.

금요기도회 후에 고등학교 3학년인 한 형제가 기도를 받으러 나왔습니다. 무슨 기도를 해 주기를 원하는지 묻자 이렇게 대답했습니다.

"목사님, 제가 내일 서울에 있는 한 대학교의 종교학과에 면

접을 갑니다. 이 학교가 복음주의 학교가 아니어서 교수가 종교다원주의에 대한 질문을 할 텐데, 당당히 제가 믿는 복음의 도리를 말할 수 있게 기도해 주세요."

그리고 대학에 떨어져도 좋으니 담대히 자신의 신앙을 고백하고 싶다고 말했습니다. 이 형제는 하나님의 사람이라는 분명한 정체성으로 살아가는 하나님의 자존심이었습니다.

자신에게 질문을 던져 보길 바랍니다. '내가 예수님 덕분에 죄 사함을 받았는가?', '예수님 덕분에 새로운 피조물이 되었는가?', '예수 그리스도가 나의 구주이며 내 인생의 주인인가?'라고 말입니다. 그리고 우리의 정체성을 분명히 세우길 바랍니다. 우리는 하나님의 자존심입니다.

역전의 은총을 경험한 자에게는 공식이 있다

삿 11:1-11

1 길르앗 사람 입다는 큰 용사였으니 기생이 길르앗에게서 낳은 아들이었고

2 길르앗의 아내도 그의 아들들을 낳았더라 그 아내의 아들들이 자라매 입다를 쫓아내며 그에게 이르되 너는 다른 여인의 자식이니 우리 아버지의 집에서 기업을 잇지 못하리라 한지라

3 이에 입다가 그의 형제들을 피하여 돕 땅에 거주하매 잡류가 그에게로 모여 와서 그와 함께 출입하였더라

4 얼마 후에 암몬 자손이 이스라엘을 치려 하니라

5 암몬 자손이 이스라엘을 치려 할 때에 길르앗 장로들이 입다를 데려오려고 돕 땅에 가서

6 입다에게 이르되 우리가 암몬 자손과 싸우려 하니 당신은 와서 우리의 장관이 되라 하니

7 입다가 길르앗 장로들에게 이르되 너희가 전에 나를 미워하여 내 아버지 집에서 쫓아내지 아니하였느냐 이제 너희가 환난을 당하였다고 어찌하여 내게 왔느냐 하니라

8 그러므로 길르앗 장로들이 입다에게 이르되 이제 우리가 당신을 찾아온 것은 우리와 함께 가서 암몬 자손과 싸우게 하려 함이니 그리하면 당신이 우리 길르앗 모든 주민의 머리가 되리라 하매

9 입다가 길르앗 장로들에게 이르되 너희가 나를 데리고 고향으로 돌아가서 암몬 자손과 싸우게 할 때에 만일 여호와께서 그들을 내게 넘겨 주시면 내가 과연 너희의 머리가 되겠느냐 하니

10 길르앗 장로들이 입다에게 이르되 여호와는 우리 사이의 증인이시니 당신의 말대로 우리가 그렇게 행하리이다 하니라

11 이에 입다가 길르앗 장로들과 함께 가니 백성이 그를 자기들의 머리와 장관을 삼은지라 입다가 미스바에서 자기의 말을 다 여호와 앞에 아뢰니라

하나님은 역전의 하나님이십니다. 성경을 보면 역전의 은혜를 허락하신 하나님을 끊임없이 만날 수 있습니다. 이스라엘 백성 모두가 두려워했던 골리앗을 물리친 소년 다윗, 10년 넘게 사울에게 쫓겨 다니다가 왕이 된 다윗, 애굽에 종으로 팔려 가서 억울한 누명으로 감옥에 갇히기까지 했으나 결국 애굽의 총리가 된 요셉, 하만의 계략으로 말살될 뻔했으나 구원받은 에스더, 모르드개와 이스라엘 백성 등 모두가 역전의 하나님을 증거하고 있습니다. 그중에서도 입다는 역전의 은총을 가장 잘 보여 주는 사람입니다. 성경은 입다를 통해 역전의 은총에는 공식이 있음을 가르쳐 줍니다.

불행한 환경에 놓인, '입다'

길르앗의 사람 입다는 큰 용사였으니 기생이 길르앗에게서 낳은
아들이었고 길르앗의 아내도 그의 아들들을 낳았더라 그 아내의 아들들이
자라매 입다를 쫓아내며 그에게 이르되 너는 다른 여인의 자식이니
우리 아버지의 집에서 기업을 잇지 못하리라 한지라 _삿 11:1-2

입다의 출신과 성장 과정을 보면 그가 매우 불행한 삶을 살았음을 알 수 있습니다. 입다는 요단 동편에 있는 길르앗에서

기생의 아들로 태어났습니다. 성경은 입다의 어머니를 '이솨 조나'(אשה זונה)라고 기록하고 있습니다. 이는 돈을 벌기 위해 자리를 옮겨 가며 윤락 행위를 하는 여성을 의미합니다. 게다가 입다는 첩의 아들이기도 했습니다. 입다의 어머니는 길르앗에게서 입다를 낳았는데, 길르앗의 본부인에게서 태어난 아들들이 자라면서 입다를 멸시하기 시작했습니다. 결국 입다는 이복형제로부터 유산 문제로 견제를 당하여 집에서 내쫓겼습니다. 입다는 비록 첩의 아들이었지만 성경에서 언급한 것처럼 탁월한 능력을 지닌 큰 용사였습니다. 여기서 더 안타까운 것은 이복형제들이 입다를 협박하여 쫓아낼 때, 길르앗 성읍의 장로들과 지도자들도 합세했다는 사실입니다. 입다는 자신의 가족에게는 물론 자신이 사는 길르앗 성읍의 거민 전체, 즉 공동체에서 버림받은 것입니다. 탄생에서부터 상처를 지니고 살아온 입다는 모두에게서 버림받은 후 어떻게 살아갔을까요?

> 이에 입다가 그의 형제들을 피하여 돕 땅에 거주하매 잡류가 그에게로 모여 와서 그와 함께 출입하였더라 _삿 11:3

이복형제들과 성읍 거민들로부터 내쫓긴 입다는 고향을 떠나 요단강 동북쪽에 있는 돕 지방으로 향합니다. 이스라엘의 지경이 아닌 돕 땅에서 입다는 새로운 마음으로 살아가고자 합니다. 그때 입다의 주변으로 잡류들이 몰려들었습니다. 성경에서 잡류들을 '아나쉼 레킴'(אֲנָשִׁים רֵיקִים)이라는 단어로 언급하고 있는데, 이는 '텅 빈 자들'이라는 뜻을 지닙니다. 인생의 방향이나 목적 없이 무의미하게 살아가는 사람들로, 주로 암몬을 비롯한 이스라엘의 대적들을 침략하여 먹고 살았습니다. 그러한 잡류들이 입다에게로 모여와서 입다와 함께 출입하였습니다. 이때 '출입하였다'라는 것은 단순히 들어가고 나가는 것으로 이해할 수 있지만, 전쟁하기 위해 '출전한다'라는 의미로도 해석할 수 있습니다. 이러한 상황을 볼 때 입다의 타향살이가 결코 녹록하지 않았음을 알 수 있습니다. 불행한 환경에서 태어나서 미움을 받고 쫓겨나 고단한 타향살이를 했던 사람이 바로 입다였습니다.

큰 용사, '입다'

성경은 입다를 "큰 용사"라고 소개합니다(삿 11:1). 큰 용사에 대해 이해하기 위해서는 성경에서 큰 용사라고 불렸던 또 다른 인물, 기드온을 살펴볼 필요가 있습니다. 사사기 6장 12절을 보면, 여호와의 사자가 나타나 기드온을 '큰 용사'라 부르는 장면이 나옵니다. 그런데 기드온은 미디안 사람들을 무서워하여 좁은 포도주 틀 안에서 몰래 밀 타작을 했던 사람입니다. 그의 성품과 기질적인 특성을 볼 때 큰 용사가 될 수 없었습니다. 하지만 하나님께서는 그러한 기드온을 큰 용사라고 부르셨습니다. 우리는 보통 전쟁의 용사를 큰 용사라고 생각하지만, 성경이 말하는 큰 용사는 싸움의 명수가 아닌 영적 전쟁의 명수를 의미합니다. 하나님께서 나와 함께하심을 믿고, 자신의 강함이 아닌 하나님의 강하심을 증거하는 자 말입니다. 그래서 여호와의 사자가 기드온에게 큰 용사라 부르며 "여호와께서 너와 함께 계시도다"(삿 6:12)라고 말했던 것입니다. 다시 입다의 이야기로 돌아와서, 비록 불행하게 태어나 성장한 입다였지만 하나님은 그를 하나님이 허락하신 영적 전쟁의 명수, 하나님의 강하심을 증거하는 큰 용사라고 인정하셨습니다.

최고의 지도자가 된 '입다'

얼마 후에 암몬 자손이 이스라엘을 치려 하니라
암몬 자손이 이스라엘을 치려 할 때에 길르앗 장로들이
입다를 데려오려고 돕 땅에 가서 입다에게 이르되
우리가 암몬 자손과 싸우려 하니 당신은 와서

＼

입다가 고향 길르앗에서 쫓겨나 돕 땅에서 힘겹게 거주하고 있었을 때, 길르앗의 장로들이 입다를 찾아옵니다. 암몬이 길르앗을 공격하려 하자, 큰 용사인 입다를 찾아온 것입니다. 그리고 입다에게 군대 지휘관이 되어 줄 것을 요청합니다. 이복형제들과 합세하여 자신을 고향에서 쫓아냈던 사람들이 다시 찾아와 필요를 요구하니, 입다는 굉장히 당혹스러웠을 것입니다.

> 입다가 길르앗 장로들에게 이르되 너희가 전에 나를 미워하여 내 아버지 집에서 쫓아내지 아니하였느냐 이제 너희가 환난을 당하였다고 어찌하여 내게 왔느냐 하니라 그러므로 길르앗 장로들이 입다에게 이르되 이제 우리가 당신을 찾아온 것은 우리와 함께 가서 암몬 자손과 싸우게 하려 함이니 그리하면 당신이 우리 길르앗 모든 주민의 머리가 되리라 하매 _삿 11:7-8

입다는 자신을 쫓아낼 때는 언제고, 어려움을 당하니 자신을 찾느냐며 요청을 거부합니다. 그러자 장로들은 만약 입다가 자신들과 함께 암몬과 싸워 준다면 길르앗의 지도자로 세워 주겠다고 제의를 합니다.

이에 입다가 길르앗 장로들과 함께 가니 백성이 그를 자기들의 머
리와 장관을 삼은지라 _삿 11:11a

결국 입다는 길르앗의 장로들의 제안을 수락하여 길르앗
땅에 돌아갑니다. 성경에서 백성이 입다를 자신들의 머리와
장관으로 삼았다고 말하는데, 여기서 말하는 '머리'는 평상시
의 지도자를, '장관'은 전쟁에 나아갈 때의 지휘관을 의미합니
다. 입다가 행정권과 군사 지휘권을 위임받은 최고의 지도자
로 추대받게 된 것입니다. 가족과 공동체에서 버림받아 고향
에서 쫓겨났던 입다가 고향의 최고 지도자가 되었고, 자신을
미워했던 자들이 제 발로 찾아와 지도자가 되어 달라고 매달
리는 일이 벌어졌습니다. 이것이 바로 하나님께서 베푸신 역
전의 은혜입니다.

역전의 은혜에 대한 공식

그렇다면 이러한 역전의 은혜를 경험하려면 어떻게 해야
할까요? 하나님께서 베푸신 역전의 은혜를 경험하는 자에게
는 공식이 있습니다. 첫째로, 어떤 상황에서도 원망하지 않고
실력을 키운다는 공식입니다. 생각해 보면 입다는 원망할 것

이 너무나 많았습니다. 어머니는 창녀였고, 자신은 첩의 자식으로 태어나 이복형제들에게 구박을 받았으며, 끝내 고향에서 내쫓김을 당했습니다. 부모와 형제, 자기 동족을 원망하며 살 수 있는 사람이었습니다. 그러나 입다는 원망하면서 시간을 허비하거나 삶을 포기하지 않고 군대의 장관이 될 정도로 실력과 리더십을 키웠습니다. 길르앗 장로들이 찾아와, 머리와 장관이 되어 달라고 하는 것을 보면 입다의 실력이 얼마나 출중했는지 예상할 수 있습니다.

둘째로, 역전의 은혜를 경험하는 자는 사랑하며 용서한다는 공식입니다. 입다는 이복형제들과 자신의 동족에게 미움을 받고 쫓겨났습니다. 입다는 큰 용사였기에 충분히 맞서 싸울 수 있었지만, 그들을 피해 돕 땅으로 들어갔습니다. 입다는 악을 악으로 대하지 않고 싸움을 피하는 길을 선택했습니다. 성경은 악을 악으로 갚지 말고 선으로 악을 이기라고 합니다(롬 12:17, 19, 21). 악을 악으로 갚는 것은 죄인인 우리의 본성이지만, 입다는 악을 악으로 갚지 않고 더 나아가 암몬으로부터 길르앗을 구해 냈습니다. 입다 외에도 자신을 팔아넘긴 형들을 사랑으로 용서했던 요셉, 자신을 죽이려는 하람의 군대를 살려 보냈던 엘리사 역시 하나님이 베푸신 역전의 은혜를 경험했습니다. 나의 원수에게 복수하고 그를 미워하는 것은 사람의 본능이기에 누구나 할 수 있습니다. 그러나 원수를 사랑하는 것은 아무나 할 수 없습니다. 선으로 악을 이기고 원수를 사랑하는 것은 오직 하나님의 마음과 성령의 능력을 지닌 자만이 할 수 있습니다.

셋째로, 역전의 은혜를 경험하는 자는 승리의 근원이 하나님이심을 믿는다는 공식입니다. 입다는 자신을 찾아온 길르앗의 장로들에게 "너희가 나를 데리고 고향으로 돌아가서 암몬 자손과 싸우게 할 때에 만일 여호와께서 그들을 내게 넘겨주시면 내가 과연 너희의 머리가 되겠느냐"(삿 11:9)라고 말합니다. '내가 당신들의 문제를 해결해 주겠다. 나를 따르라!'가 아니라, '하나님께서 그들을 내게 넘겨주시면'이라고 말입니다. 하나님이 적을 넘겨주셔야만 이길 수 있다는 입다의 말은 하나님께서 허락하지 않으시면 자신은 아무것도 할 수 없는 존재임을 인정한 고백입니다. 입다는 승리의 근원이 하나님이심을 확신했고 인간의 생사화복을 주장하시는 이가 하나님이심을 믿고 있었습니다. 입다는 자신이 경험했던 인생의 고난 속에서 하나님을 뜨겁게 만나 이런 믿음의 사람이 되었습니다.

넷째로, 역전의 은혜를 경험하는 자는 기도로 하나님을 온전히 의지한다는 공식입니다. 입다가 길르앗의 머리와 장관으로 세워졌을 때 가장 먼저 한 일은 자기의 말을 여호와 앞에 다 아뢰는 것이었습니다(삿 11:11). 자신이 지도자가 된 것과 일의 전후 형편을 하나님께 모두 말씀드렸습니다. 입다는 하나님과 친밀한 사귐을 하는 기도의 사람이었던 것입니다.

성경 속의 입다와 관련한 말씀은 불우한 환경이 하나님의 사람을 불행하게 만들 수 없음을 보여 줍니다. 자신의 환경을 원망하지 않고 실력을 쌓고, 악을 악으로 갚지 않고 용서하며 사랑하고, 하나님만이 승리의 근원이심을 신뢰하고, 기도로 하나님을 온전히 의지했던 입다의 삶 속에서 역전의 은혜에 대한 공식을 찾아볼 수 있습니다. 우리도 우리의 환경에 매몰되지 말고 하나님의 품 안에서 역전의 은혜를 경험하길 기대합니다.

하나님이 주신 것을 빼앗기지 말라

삿 11:24

네 신 그모스가 네게 주어 차지하게 한 것을 네가 차지하지 아니하겠느냐 우리 하나님 여호와께서 우리 앞에서 어떤 사람이든지 쫓아내시면 그것을 우리가 차지하리라

기생의 아들로 태어난 입다는 가족과 공동체에게 미움을 받아 쫓겨났습니다. 고향을 떠난 입다는 잡류들과 타향살이를 하며 고달픈 삶을 살아갔습니다. 하지만 큰 용사인 입다는 길르앗의 최고 지도자가 되어 전쟁에서 승리하고 민족을 구원하는 역전의 은혜를 경험했습니다. 이스라엘의 최고 지도자가 된 입다는 암몬 왕에게 사자를 보내 전쟁 없이 외교로 문제를 해결하려고 했습니다. 그러나 암몬 왕은 아르논에서부터 압복과 요단까지의 땅을 돌려 달라고 요구하며 이스라엘과 전쟁을 하기 위한 명분을 만들었습니다. 입다는 이에 굴하지 않고 이스라엘 백성이 광야를 지나 가나안에 들어가기까지의 과정을 이야기하며 하나님께서 주신 땅이기에 줄 수 없다고 말했습니다. 하나님께서 주신 것을 빼앗길 수 없다는 것을 분명히 한 것입니다.

하나님께서 주신 것

▌구원의 기쁨

지금은 너희가 근심하나 내가 다시 너희를 보리니 너희 마음이 기쁠 것이요 너희 기쁨을 빼앗을 자가 없으리라 _요 16:22

위의 말씀에서 "지금은 너희가 근심하나"라는 것은 예수님께서 십자가에 매달리신 것으로 인해 겪는 제자들의 근심을 말하고, "너희 기쁨"은 십자가의 승리로 인한 기쁨을 말하는 것입니다. 이때 "빼앗을 자가 없으리라"라는 구절에서 알 수 있는 것은 십자가의 기쁨을 빼앗으려 하는 자가 있다는 사실입니다. 사탄은 구원 자체를 빼앗을 수는 없으나, 하나님이 주신 기쁨을 빼앗으려 호시탐탐 노리고 있습니다.

▌세상이 줄 수 없는 평안

> 평안을 너희에게 끼치노니 곧 나의 평안을 너희에게 주노라 내가 너희에게 주는 것은 세상이 주는 것과 같지 아니하니라 너희는 마음에 근심하지도 말고 두려워하지도 말라 _요 14:27

하나님은 세상이 줄 수 없는 완전한 평안을 주셨습니다. 하나님께서 주시는 평안은 보혜사 성령님께서 주시는 평안입니다. 세상은 결코 줄 수 없는 평안인 것입니다. 이는 예수님의 십자가의 죽으심과 부활로 인하여 주어진 열매입니다. 이 평안은 죄와 죽음의 법에서 해방된 사람만이 누릴 수 있는 것으로 풍랑의 한복판에서도 누릴 수 있고, 광야와 같은 인생길에서도 누릴 수 있는 주님께서 주신 선물입니다.

▋자유함

> 형제들아 너희가 자유를 위하여 부르심을 입었으나 그러나 그 자
> 유로 육체의 기회를 삼지 말고 오직 사랑으로 서로 종노릇하라
>
> _갈 5:13

하나님께서는 우리를 하나님의 자녀로 부르시고 죄와 죽음, 사탄의 참소, 율법 등에서 벗어날 수 있는 참된 자유를 주셨습니다. 예수님께서는 "진리를 알지니 진리가 너희를 자유롭게 하리라"(요 8:32)라고 하시며 진리를 통한 자유에 대해 말씀하셨습니다. 여기서 우리가 주의할 것은 하나님께서 주신 자유를 육체의 기회로 삼으면 안 된다는 것입니다. 이때 육체는 인간의 타락한 본성을, 육체의 기회로 삼는다는 것은 타락한 본성대로 사는 것을 말합니다. 다시 말해 그리스도의 자유를 얻은 우리는 인간의 타락한 본성대로 살지 말아야 함을 알고 죄를 경계해야 합니다. "죄를 범하는 자마다 죄의 종이라"(요 8:34)라는 말씀처럼 반복적으로 죄를 지으면 결국 죄의 종이 되기 때문입니다.

▎사랑하는 가정

가정은 하나님께서 세우신 가장 기본적인 공동체입니다. 남성과 여성이 만나 가정을 이루고 자녀를 낳아 온전한 가정을 세우는 것이 하나님께서 창조하신 질서입니다. 그런데 하나님이 세우신 가정을 무너뜨리려는 세력이 늘어 가고, 창조 질서를 어그러뜨리는 일들을 자연스럽게 받아들이는 일이 많아지고 있습니다. 우리는 창조의 질서를 부정하며 가정을 해체하려는 사탄의 음모에 대해 경각심을 가지고 가정을 지켜야 합니다.

하나님께서는 우리에게 기쁨, 평안, 자유, 가정을 주셨습니다. 그런데 사탄은 하나님께서 우리에게 주신 것들을 빼앗으려 합니다. 우리는 방심하지 말고 하나님께서 주신 것들을 지켜 내야 한다는 거룩한 부담감을 가져야 합니다.

하나님에 대한 확신

우리 하나님 여호와께서 우리 앞에서 어떤 사람이든지 쫓아내시면
그것을 우리가 차지하리라 _삿 11:24b

＼

입다는 하나님에 대한 분명한 확신이 있었습니다. 암몬과

의 전쟁을 할 때 하나님 여호와께서 함께하신다면 그들을 쫓아내실 것이라는 확신 말입니다. 전쟁에 있어서 승리에 대한 확신은 정말 중요합니다. 확신이 있어야 두려움이 없이 전쟁에 나아갈 수 있기 때문입니다. 이는 우리에게도 마찬가지입니다. 우리가 하나님의 자녀라는 확신, 예수님의 승리가 나의 승리라는 확신, 하나님이 싸워 주시면 반드시 승리한다는 확신이 우리에게 있어야 합니다.

성경에는 입다와 같이 하나님에 대한 분명한 확신을 지닌 사람들이 등장합니다.

▍확신의 사람① 다윗

> 또 여호와의 구원하심이 칼과 창에 있지 아니함을 이 무리에게 알게 하리라 전쟁은 여호와께 속한 것인즉 그가 너희를 우리 손에 넘기시리라 _삼상 17:47

다윗은 골리앗과 싸우러 갈 때 "여호와의 구원하심이 칼과 창에 있지 아니함"을 선포하며 나아갔습니다. 여호와께서 일하실 것을 확신하며 싸웠고, 물매 한 번으로 골리앗을 쓰러트렸습니다.

▎확신의 사람② 요나단

> 요나단이 자기의 무기를 든 소년에게 이르되 우리가 이 할례 받지
> 않은 자들에게로 건너가자 여호와께서 우리를 위하여 일하실까 하
> 노라 여호와의 구원은 사람이 많고 적음에 달리지 아니하였느니라
>
> _삼상 14:6

사울이 왕이 된 지 2년째 되는 해에 이스라엘은 블레셋과 전쟁을 치르게 됐습니다. 그런데 7일이 지나도 사무엘이 오지 않자 모여 있던 백성이 흩어지기 시작했고, 마음이 급해진 사울은 자신의 마음대로 번제를 드렸습니다. 이에 대해 사무엘은 크게 책망하며 여호와께서 이제 여호와의 마음에 맞는 자를 백성의 지도자로 세우실 것이라 말했습니다. 이제 전쟁을 치러야 하는데 사울에게 남은 군사는 600명밖에 없었습니다. 이에 비해 블레셋의 군사들은 병거 3만 명, 마병 6천 명이었고 백성은 모래와 같이 많아서 이스라엘은 블레셋의 상대가 되지 않았습니다.

이러한 상황에서 요나단은 아버지 모르게 자신의 무기를 든 소년을 한 명 데리고 나와 "우리가 이 할례 받지 않은 자들에게로 건너가자"라고 말합니다. 이는 단순한 호기가 아니었습니다. 요나단은 "여호와께서 우리를 위하여 일하실까 하노

라"라고 하며 여호와의 구원은 사람이 많고 적음에 달려 있지 않다고 말했습니다. 무기를 든 소년은 요나단을 따르기로 결심했고 그 둘은 적진으로 함께 들어가기로 합니다. 그런데 요나단은 적진에 들어가기 전에 여호와의 표징을 구합니다. 블레셋 군사들이 요나단과 소년에게 "우리에게 올라오라"라고 말한다면 여호와께서 블레셋을 요나단의 손에 넘기셨다는 표징으로 믿겠다는 것이었습니다. 요나단과 소년이 블레셋에게 다가가자 그들은 요나단과 소년에게 "우리에게로 올라오라 너희에게 보여 줄 것이 있느니라"(삼상 14:12)라고 말했습니다. 요나단은 여호와의 표징을 확신하고 그들에게 올라가 이십 명가량을 쳐서 죽입니다. 성경은 그 당시 상황에 대해 "들에 있는 진영과 모든 백성들이 공포에 떨었고 부대와 노략꾼들도 떨었으며 땅도 진동하였으니 이는 큰 떨림이었더라"(삼상 14:15)라고 기록하고 있습니다. 블레셋 진영의 모든 사람이 공포에 떨고 있을 때 땅이 진동하며 큰 지진이 일어났습니다. 결국 블레셋 사람들은 무너져 이리저리 흩어지거나(삼상 14:16), 자기의 동무들을 치는 등 혼란에 빠졌습니다(삼상 14:20).

누가 보아도 이스라엘이 질 수밖에 없는 상황이었습니다. 하지만 요나단은 절망의 상황에서도 하나님을 신뢰하고 나아가 싸웠습니다. 여호와의 구원은 사람이 많고 적음에 달려 있지 않다는 확신, 하나님이 함께하시면 반드시 승리한다는 확신을 붙들고 나아가 승리했습니다. 우리는 어려운 상황이 닥치면 걱정하고 낙심하거나 다른 이를 탓하며 불평합니다. 요나단의 상황도 마찬가지였습니다. 아버지 사울을 탓하며 불리한 이 상황에 대해 낙심할 수 있었습니다. 하지만 그는 모두가 포기한 상황에서 하나님을 신뢰하여 불가능에 도전했고, 나라의 운명을 바꿔 놓으며 하나님의 위대하심을 드러냈습니다.

우리도 입다, 다윗, 요나단의 경우처럼 모두가 불가능하다고 말하는 상황에 처했을 때 철저하게 하나님을 신뢰하며 나아갈 수 있을지 생각해 봐야 할 것입니다. 우리가 주님을 신뢰하며 나아갈 때 주님은 역전의 은혜를 우리에게 허락하실 것입니다.

죽음보다 더 확실한 부활

고후 5:1-5

1 만일 땅에 있는 우리의 장막 집이 무너지면 하나님께서 지으신 집 곧 손으로 지은 것이 아니요 하늘에 있는 영원한 집이 우리에게 있는 줄 아느니라

2 참으로 우리가 여기 있어 탄식하며 하늘로부터 오는 우리 처소로 덧입기를 간절히 사모하노라

3 이렇게 입음은 우리가 벗은 자들로 발견되지 않으려 함이라

4 참으로 이 장막에 있는 우리가 짐진 것 같이 탄식하는 것은 벗고자 함이 아니요 오히려 덧입고자 함이니 죽을 것이 생명에 삼킨 바 되게 하려 함이라

5 곧 이것을 우리에게 이루게 하시고 보증으로 성령을 우리에게 주신 이는 하나님이시니라

우리는 100세 시대를 살고 있습니다. 2021년을 기준으로 우리나라의 평균 수명이 83.6세라고 합니다. 과거에는 장수를 특별하게 여겼지만, 오늘날은 대부분이 장수한다고 볼 수 있습니다. 의학자들은 머지않아 인간의 평균 수명이 120세가 될 것이라 말합니다. 그러나 아무리 평균 수명이 늘어도 모든 인간은 언젠가 죽음을 맞이합니다. 이 세상에서 죽음보다 더 확실한 것은 없습니다. 부유한 사람도, 가난한 사람도, 명예가 있는 사람도, 평범한 사람도 모두 죽는다는 것은 분명한 사실입니다.

> 만일 땅에 있는 우리의 장막 집이 무너지면 하나님께서 지으신 집 곧 손으로 지은 것이 아니요 하늘에 있는 영원한 집이 우리에게 있는 줄 아느니라 _고후 5:1

영원하지 않고 나약한, '땅의 장막 집'

하나님의 사람 사도 바울은 고린도후서 5장 말씀에서 죽음을 땅의 장막 집에서 하늘에 있는 영원한 집으로 옮겨 가는 것으로 비유합니다. 여기서 '땅에 있는 장막 집'은 이 땅을 살아가는 우리의 몸을 말합니다. 사도 바울이 우리의 몸을 땅에 있는 장막 집에 비유한 이유는, 이 땅에서의 우리 몸이 일시적이고 영원하지 않기 때문입니다. '장막'은 '덮다'라는 뜻을 지닌 텐트, 즉 천막을 말합니다. 아무리 좋은 재질로 만들었다고 하더라도 천막은 영원히 살기 위해 설치하는 것이 아니라, 임시로 머무는 용도로 사용합니다. 예를 들어 재해로 인해 이재민이 발생했을 때 그들이 사용하는 임시 거처로 사용하거나, 군인이 훈련할 때 또는 잠시 여행을 갈 때 머물기 위해 사용하는 것처럼 말입니다. 이 땅에서 우리의 몸은 장막 집과 같이 일시적인 존재입니다.

또한, 우리의 몸을 땅에 있는 장막 집에 비유한 이유는 우리의 몸이 나약하기 때문입니다. 천막은 비바람이 불면 심하게 흔들리고 바람이 더 심해지면 송두리째 날아가 버립니다. 그리고 홍수나 산사태가 닥치면 흔적도 없이 사라집니다. 우리의 몸도 이와 같습니다. 바람에 힘없이 쓰러지는 천막처럼, 우리의 육신은 눈에 보이지 않을 만큼 작디작은 바이러스 하나도 이겨 내지 못할 만큼 나약한 존재입니다.

당신이 기도했으면 좋겠습니다

영원한 '하늘의 집'

　사도 바울은 죽음을 "땅에 있는 우리의 장막 집이 무너지면"(고후 5:1)이라고 표현하고 있습니다. 천막집은 천막을 받치는 지지대를 몇 개만 뽑아내도 금방 무너지고 맙니다. 우리의 몸도 마찬가지로 우리의 몸을 지탱하는 데에 많은 돈과 에너지가 들어가지만 무너지는 것은 큰 힘이 들지 않습니다. 잠시 쳐 놓은 장막 집이 언젠가는 철거되는 것처럼, 땅에서의 우리의 몸도 언젠가는 무너질 수밖에 없습니다. 반드시 죽는 날이 온다는 것입니다. 이보다 분명한 사실은 없습니다.

　하지만 땅에 있는 장막 집이 무너진다고 두려워할 필요는 없습니다. 사도 바울은 땅에 있는 우리의 장막 집이 무너지면, 하늘에 있는 영원한 집이 우리에게 주어진다고 했습니다. 여기서 말하는 '하늘에 있는 영원한 집'은 구원받은 성도가 천국에서 입게 될 새로운 몸, 즉 부활체를 의미합니다. 부활한 몸에 대해서 성경은 다음과 같이 말하고 있습니다.

　　죽은 자의 부활도 그와 같으니… 썩지 아니할 것으로 다시 살아나며… 영광스러운 것으로 다시 살아나며… 강한 것으로 다시 살아나며… 신령한 몸으로 다시 살아나나니 육의 몸이 있은즉 또 영의 몸도 있느니라 _고전 15:42-44

고린도전서 15장의 말씀처럼 하나님의 사람은 죽어도 영광스럽고 강하며 신령한 몸으로 부활합니다. 그리고 구원을 받은 영과 함께 완전한 구원에 이릅니다. 이것이 바로 하늘에 있는 영원한 집입니다. 이는 손으로 지은 땅의 장막 집과 비교할 수 없이 영광스럽고 영원한 집입니다.

하늘로부터 오는 처소

참으로 우리가 여기 있어 탄식하며 하늘로부터 오는

우리 처소로 덧입기를 간절히 사모하노라 _고후 5:2

사도 바울은 죽음 이후에 부활한 우리의 몸을 '하늘로부터 오는 처소로 덧입는 것'으로 설명하며, 이를 간절히 사모한다고 말합니다. 사도 바울은 "덧입기를 사모하노라"(고후 5:2), "덧입고자 함이니"(고후 5:4)라고 말하며, 영광스러운 몸으로 다시 살아나는 것을 '덧입는다'라고 표현합니다. 이는 우리가 부활할 때 원래 우리의 몸이 완전히 사라지는 것이 아니라, 우리의 몸이 썩지 않고 영광스럽고 신령한 몸으로 덧입혀 변화되는 것을 의미합니다.

사도 바울은 죽음에 대해 "우리가 담대하여 원하는 바는 차라리 몸을 떠나 주와 함께 있는 그것이라"(고후 5:8)라고 말했습니다. 그렇습니다. 죽음은 멸절도 아니고, 수면 상태로 들어가는 것도 아닙니다. 죽음은 내 영혼이 몸을 떠나 주와 함께 있게 되는 것입니다. 죽음 이후 우리의 영은 무의식 상태에 있는 것이 아니라, 의식을 가지고 주님의 임재 안에 거하게 됩니다. 그런데 우리의 영이 주님과 함께할 때 죽은 몸은 어떻게 되는 것일까요? 우리의 죽은 몸은 하늘로부터 오는 처소로 덧입기를 간절히 사모하며 부활을 기다립니다. 주님이 재림하시는 그날에 썩지 않고 영광스러운 몸으로 부활하여, 천국에 있는 우리의 영과 함께 영생복락의 축복을 누리게 될 것입니다. 그렇기 때문에 영광스러운 부활의 축복을 아는 사람들은 이를 간절히 사모합니다.

장막에서의 탄식

참으로 우리가 여기 있어 탄식하며 _고후 5:2a

참으로 이 장막에 있는 우리가 짐진 것 같이 탄식하는 것은 _고후 5:4a

사도 바울은 이 땅에 있는 우리의 몸이 이 장막에서 탄식하고 있다고 말합니다. 여기서 탄식한다는 것은 '신음하다'라는 뜻으로, 시제는 현재형이 쓰였습니다. 이는 우리의 몸이 계속해서 신음하고 있다는 것을 의미합니다. 게다가 그냥 탄식하는 것이 아니라, 짐을 진 것같이 탄식하고 있습니다. 연약한 우리의 몸은 인생의 무거운 짐을 지고 한숨과 탄식 속에 이 세상을 살아가고 있는 것입니다. 그런데 주목할 것은 무거운 짐을 진 것 같은 탄식을 경험한 자들이 하늘로부터 오는 처소로 덧입기를 간절히 사모한다는 것입니다. 육체의 약함으로 매일 고통 속에 살아가고, 인생의 문제로 신음하는 자들이 하늘에 있는 영원한 집을 사모합니다. 만약에 우리의 인생에 탄식이 없고 신음이 없다면, 우리는 땅에 있는 장막 집이 무너지는 것을 두려워하며 천국을 결코 사모하지 않을 것입니다. 그러므로 우리가 지금 겪는 인생의 한숨이 영광스러운 부활을 사모하는 소망이 될 수 있습니다.

가장 확실한 것, '부활'

참으로 이 장막에 있는 우리가 짐진 것 같이 탄식하는 것은

벗고자 함이 아니요 오히려 덧입고자 함이니

죽을 것이 생명에 삼킨 바 되게 하려 함이라 _고후 5:4

사람에게 죽음은 잔인하고 무서운 것이기에 모두들 죽음을 슬퍼하고 두려워합니다. 성경에서는 "한 사람의 범죄로 말미암아 사망이 그 한 사람을 통하여 왕 노릇 하였은즉"(롬 5:17)이라고 하며, 아담이라는 한 사람의 범죄로 사망이 왕처럼 군림하게 되었다고 말합니다. 즉, 누구도 이 죽음을 거역할 수 없다는 것입니다. 그런데 사도 바울은 "죽을 것이 생명에 삼킨 바"가 되었다고 말합니다. 이때 바울이 말하는 '생명'은 부활하신 예수 그리스도의 생명을 말합니다. 즉, 죽은 것이 생명에 삼킨 바가 되었다는 것은 죽음의 권세를 깨트리고 부활하신 예수님의 생명이 사망을 압도했음을 말합니다.

곧 이것을 우리에게 이루게 하시고 보증으로 성령을 우리에게 주신 이는 하나님이시니라 _고후 5:5

사람들은 죽음을 두려워하며 죽음처럼 확실한 것은 없다고 말합니다. 하지만 하나님의 사람인 우리는 죽음보다 더 확실한 것이 '부활'임을 알고 있어야 합니다. 예수님이 부활하셨고, 이로 인해 사망이 생명에게 삼킨 바 되었기 때문입니다. 또한 부활이 사망보다 분명하고 확실한 이유는 부활에 대한 보증으로 성령을 우리에게 주셨기 때문입니다. 그리고 하나님께서 우리에게 성령을 주셨기 때문에 우리의 이성으로는 이해할 수 없는 땅에 있는 육신의 장막을 벗는다는 것, 하늘에 있는 영원한 집을 갖게 된다는 것, 하늘로부터 오는 처소로 덧입는다는 것을 모두 확신할 수 있는 것입니다. 성령님은 세상을 창조하신 영이시며, 예수 그리스도를 죽은 자 가운데서 살리신 분이십니다. 그런 성령님이 지금 우리 안에 계시니, 우리는 부활을 확신하며 살 수 있는 것입니다. 그러므로 죽음을 두려워할 필요가 없습니다.

부활을 확신하는 사람들은 한결같이 죽음을 두려워하지 않았습니다. 어떤 시련의 상황이 다가와도 견고한 믿음으로 흔들리지 않았습니다. 이러한 사람들에 대해 성경은 "이런 사람은 세상이 감당하지 못하느니라"(히 11:38)라고 말하고 있습니다. 세상이 감당하지 못하는 사람으로 산다는 것은 세상을 무시하며 사는 것을 의미하지 않습니다. 하나님을 따른다는 이유로 이해할 수 없는 고난을 받고 세상 사람들에게 조롱을 받을지라도, 불평하지 않고 영광스러운 부활을 사모하며 당당하게 산다는 것을 의미합니다. 하나님의 사람인 우리는 죽음보다 확실한 부활을 사모하며, 세상이 감당할 수 없는 사람으로 살아가야 할 것입니다.

하나님의 자녀 된 권세를 사용하라

요 1:12-13

12 영접하는 자 곧 그 이름을 믿는 자들에게는 하나님의 자녀가
   되는 권세를 주셨으니

13 이는 혈통으로나 육정으로나 사람의 뜻으로 나지 아니하고
   오직 하나님께로부터 난 자들이니라

이스라엘이여 너는 행복한 사람이로다

여호와의 구원을 너 같이 얻은 백성이 누구냐 _신 33:29a

﹨

예수를 믿어 구주로 영접하는 것은 최고의 기적입니다. 그리고 예수를 믿어 구원을 받는 것은 최고의 행복입니다. 신명기 33장 29절에서 하나님은 행복의 조건이 구원이라고 말씀하십니다. 그런데 많은 사람이 구원을 받았음에도 행복하지 않다고 말합니다. 구원이 얼마나 대단한 것인지 잘 모르기 때문입니다. 예수를 믿고 받은 구원의 은혜가 무엇인지 정확하게 아는 사람은 힘들고 어려운 상황이 다가올지라도 "주님, 나는 행복합니다"라고 고백할 수 있습니다.

하나님 아빠, 아버지

우리는 예수님을 믿어 하나님의 자녀가 되는 축복을 받았습니다. 이는 하나님이 나의 아빠, 아버지가 되었다는 말입니다. 본래는 오직 하나님의 아들 예수 그리스도만이 하나님을 아빠, 아버지로 부를 수 있었습니다. 그러나 오늘날에는 예수를 믿어 예수 그리스도의 영, 즉 양자의 영을 받은 우리도 하나님을 아빠, 아버지라고 부를 수 있습니다. 사도 바울은 "너희는 다시 무서워하는 종의 영을 받지 아니하고 양자의 영을 받았으므로 우리가 아빠 아버지라고 부르짖느니라"(롬 8:15)라고 말하며, 우리가 양자의 영을 받았기에 하나님을 아빠, 아버지라 부를 수 있다고 강조했습니다. 그래서 우리는 신앙을 고백할 때도 "전능하사 천지를 만드신 하나님 아버지를 내가 믿사오며"라고 고백하고, 예수님이 가르쳐 주신 것처럼 기도할 때도 '하늘에 계신 우리 아버지'께 기도할 수 있습니다.

관계의 중요성

우리가 인생을 살아가는 데 있어서 사람들과의 관계는 매우 중요합니다. 하버드대학교의 위간(A. E. Wiggan) 박사는 직장, 가정, 사회생활 등 각 분야에서 실패한 사람들을 대상으로 실패의 원인을 조사했습니다. 그 결과 전문 지식이 부족해서 실패한 사람은 15%뿐이었고, 85%의 사람이 인간관계에 실패하여 인생에서 성공을 거두지 못했다는 사실을 발견했습니다. 인생에 있어서 사람과의 관계가 이렇게 중요한데, 창조주인 하나님과 피조물인 우리의 관계는 얼마나 중요할까요?

성경은 하나님과 우리 사이를 관계로 표현합니다. 아버지와 아들, 목자와 양, 신랑과 신부, 왕과 종, 친구 등의 관계로 말입니다. 관계는 관념이 아니라, 실제이기 때문에 하나님께서는 우리와 당신의 사이를 관계로 표현하셨습니다. 하나님은 우리와의 관계 때문에 우리의 기도를 들으시고, 우리 인생길에 앞장서서 싸워 주십니다. 우리가 예수님을 믿어 구원을 얻은 후, 하나님은 나의 아빠가 되셨고 우리는 하나님의 자녀가 되었습니다. 그래서 우리의 아픔은 주님의 아픔이 되고, 우리의 눈물은 주님의 눈물이 되며, 주님의 승리는 곧 우리의 승리가 되었습니다. 단 1분 후 눈 앞에 어떤 일이 일어날지조차 알지 못하는 피조물인 우리가 천지만물을 창조하신 하나님을 나의 아빠라 부를 수 있는 특권을 얻었습니다.

예수의 이름을 믿는 자

영접하는 자 곧 그 이름을 믿는 자들에게는
하나님의 자녀가 되는 권세를 주셨으니 _요 1:12

우리는 예수 그리스도를 나의 구주로 믿어 하나님의 자녀가 되었습니다. 예수님은 하나님의 자녀에 대해 "이는 혈통으로나 육정으로나 사람의 뜻으로 나지 아니하고 오직 하나님께로부터 난 자들이니라"(요 1:13)라고 하셨습니다. 이는 우리가 하나님의 은혜를 통해서만 하나님의 자녀가 될 수 있다는 말입니다. 여기서 말하는 '혈통'은 육적인 혈연관계를 뜻합니다. 부모의 믿음이 자식을 구원할 수 없음을 뜻하는 것입니다. 그리고 '육정'은 육체적인 욕망을 의미하며, 세상적인 욕구나 정욕에 의해서는 구원받을 수 없음을 말해 줍니다. 마지막으로 '사람의 뜻'은 사람의 노력과 수양, 율법 수행 등을 말하는데, 이는 스스로의 노력을 통해서도 하나님의 자녀가 될 수 없음을 의미합니다. 우리는 오직 값없이 베풀어 주신 주님의 은혜로만 구원받을 수 있습니다. 그래서 요한복음 1장 13절에 "오직 하나님께로부터 난 자들"이라는 표현을 쓴 것입니다. 구원받은 우리는 이 세상의 땅에서 살아가지만, 이 세상에 속한 자가 아닌, 하나님께 속한 자입니다.

하나님의 자녀 된 권세

영접하는 자 곧 그 이름을 믿는 자들에게는

하나님의 자녀가 되는 권세를 주셨으니 _요 1:12

모든 신분에는 그 신분에 맞는 권세가 주어집니다. 왕에게는 왕의 권세가, 군대의 지휘관에게는 부하에게 명령을 내릴 수 있는 권세가, 경찰에게는 질서를 지도할 권세가 주어지는 것처럼 말입니다. 예수님을 믿어 하나님의 자녀가 된 우리에게도 하나님의 자녀만이 누릴 수 있는 권세가 주어졌습니다. 위의 말씀을 보면 예수님을 믿는 자들에게 '권세를 주실 것이다'가 아닌, '권세를 주셨다'라는 과거완료형을 쓰고 있습니다. 이는 예수님을 믿는 순간 하나님의 자녀가 되고, 권세도 함께 주어졌다는 것을 의미합니다. 우리가 누릴 수 있는 하나님의 자녀 된 권세는 무엇일까요?

첫째, 하나님의 자녀 된 우리는 언제든지 당당하게 하늘의 아버지께 나아가 구할 수 있는 권세가 있습니다. 예수님은 제자들에게 '하늘에 계신 우리 아버지'께 기도하라고 가르치셨습니다. 기도의 대상이 하늘에 계신 우리의 아버지이시기에, 우리는 당당하게 부르짖어 기도할 수 있습니다. "하물며 하늘에 계신 너희 아버지께서 구하는 자에게 좋은 것으로 주시지 않겠느냐"(마 7:11)라는 말씀처럼, 우리의 인생이 힘들고 어려울 때마다 문제를 가지고 아버지께 나아가면, 하나님 아버지께서 들으시고 가장 좋은 것으로 응답해 주실 것입니다. 언제든지 하나님을 부르며 기도할 수 있는 것, 이것이 바로 하나님의 자녀 된 자만이 누릴 수 있는 권세입니다.

둘째, 하나님의 자녀 된 우리에게는 예수님의 권세를 사용할 수 있는 권세가 주어졌습니다. 예수님은 사망의 권세를 깨뜨리고 부활하셔서 마귀의 일을 멸하시고 승리하셨습니다. 그런 승리의 예수님께서 당신의 권세를 하나님의 자녀 된 우리에게 주셨습니다. 그리고 "예수께서 그의 열두 제자를 부르사 더러운 귀신을 쫓아내며 모든 병과 모든 약한 것을 고치는 권능을 주시느니라"(마 10:1)라는 말씀을 보면 예수님께서 열두 제자에게 귀신을 쫓고, 모든 병과 약한 것을 고치는 권능을 주셨으며, "내가 너희에게 뱀과 전갈을 밟으며 원수의 모든 능력을 제어할 권능을 주었으니 너희를 해칠 자가 결코 없으리라"(눅 10:19)라는 말씀을 보면 70인 전도단에게 사탄의 모든 능력을 제어할 권능을 주셨음을 알 수 있습니다. 이렇게 예수님은 "나를 믿는 자는 내가 하는 일을 그도 할 것이요 또한 그보다 큰 일도 하리니"(요 14:12)라고 말씀하시며, 권세와 능력을 하나님의 자녀 된 우리에게 주셨음을 강조하셨습니다.

권세를 사용하라

예수님께서 우리에게 권세를 주셨으니, 우리는 받은 권세를 사용하며 살아가야 합니다. 매일 삶에서 벌어지는 영적 전쟁의 현장에서 예수의 이름으로 귀신을 내쫓고, 모든 병과 약한 것을 고치는 자로 살아야 합니다. 우리가 명령할 때에 모든 병자가 완벽하게 고침 받을 수는 없을 것입니다. 그러나 주님은 우리가 예수님의 이름으로 선포하며 하나님의 나라가 우리 가운데 임했다는 것을 세상 가운데 나타내기를 원하십니다.

그런데 오늘날의 많은 그리스도인은 하나님의 권세를 사용하지 않고 사탄의 공격에 두려워 떨며 악한 영에게 무기력하게 끌려다닙니다. 우리는 눈을 바로 뜨고 자신이 누구인지를 생각해 봐야 합니다. 그리고 스스로에게 "나는 하나님의 자녀고, 내게는 하나님의 자녀 된 권세가 주어졌다!"라고 선포해야 합니다. 하나님의 자녀 된 우리는 사탄의 참소를 물리치고 은혜의 보좌 앞에 나아가 하나님께 당당히 구해야 합니다.

> 그런즉 너희는 하나님께 복종할지어다 마귀를 대적하라 그리하면 너희를 피하리라 _약 4:7

성경은 마귀를 대적할 주체가 '너희'라고 말하고 있습니다. 이는 하나님의 자녀 된 권세를 지닌 '나'를 의미합니다. 그리고 또 주목할 부분은 마귀를 '대적하라'라는 말씀입니다. 마귀는 '괴롭히지 말아 줘'라고 부탁할 존재가 아니라, '떠나가라!'라고 대적해야 할 존재입니다. 이렇게 대적할 때 우리를 피할 것이라고 성경은 증언합니다. "너희를 피하리라"라는 말씀을 영어 성경(NIV)은 "He will flee from you"라고 기록하고 있습니다.

'피하다'라는 단어를 'Flee'로 사용하고 있는데, 'Flee'는 어떤 존재가 두렵고 무서워서 꽁무니를 뺄 때 사용하는 단어입니다. 그렇습니다. 마귀는 우리가 대적할 때 우리를 두려워하며 꽁무니를 빼며 도망갈 것입니다. 그러므로 예수님을 믿어 하나님의 자녀가 된 우리는 주께서 주신 권세를 들고 마귀 앞에 당당히 맞서 싸워 이겨야 합니다. 사망 권세를 이기고 승리하신 예수님의 이름으로 나아갈 때, 마귀는 뒤도 돌아보지 않고 두려워하며 우리에게서 도망갈 것입니다. 그러니 하나님의 자녀 된 권세를 사용하시기를 바랍니다.

계산하지 말라, 하나님이 계산하신다

대하 25:1-10

1 아마샤가 왕위에 오를 때에 나이가 이십오 세라 예루살렘에서 이십구 년 동안 다스리니라 그의 어머니의 이름은 여호앗단이요 예루살렘 사람이더라

2 아마샤가 여호와께서 보시기에 정직하게 행하기는 하였으나 온전한 마음으로 행하지 아니하였더라

3 그의 나라가 굳게 서매 그의 부왕을 죽인 신하들을 죽였으나

4 그들의 자녀들은 죽이지 아니하였으니 이는 모세의 율법책에 기록된 대로 함이라 곧 여호와께서 명령하여 이르시기를 자녀로 말미암아 아버지를 죽이지 말 것이요 아버지로 말미암아 자녀를 죽이지 말 것이라 오직 각 사람은 자기의 죄로 말미암아 죽을 것이니라 하셨더라

5 아마샤가 유다 사람들을 모으고 그 여러 족속을 따라 천부장들과 백부장들을 세우되 유다와 베냐민을 함께 그리고 이십 세 이상으로 계수하여 창과 방패를 잡고 능히 전장에 나갈 만한 자 삼십만 명을 얻고

6 또 은 백 달란트로 이스라엘 나라에서 큰 용사 십만 명을 고용하였더니

7 어떤 하나님의 사람이 아마샤에게 나아와서 이르되 왕이여 이스라엘 군대를 왕과 함께 가게 하지 마옵소서 여호와께서는 이스라엘 곧 온 에브라임 자손과 함께 하지 아니하시나니

8 왕이 만일 가시거든 힘써 싸우소서 하나님이 왕을 적군 앞에 엎드러지게 하시리이다 하나님은 능히 돕기도 하시고 능히 패하게도 하시나이다 하니

9 아마샤가 하나님의 사람에게 이르되 내가 백 달란트를 이스라엘 군대에게 주었으니 어찌할까 하나님의 사람이 말하되 여호와께서 능히 이보다 많은 것을 왕에게 주실 수 있나이다 하니라

10 아마샤가 이에 에브라임에서 자기에게 온 군대를 나누어 그들의 고향으로 돌아가게 하였더니 그 무리가 유다 사람에게 심히 노하여 분연히 고향으로 돌아갔더라

아마샤는 B.C. 796년부터 767년까지 29년 동안 유다를 다스렸던 왕입니다. 그는 아버지 요아스가 자신의 신하에 의해 살해를 당하자 25살의 나이에 왕위에 올라 나라를 다스립니다. 아마샤에 대한 하나님의 평가에 대해 알아보고자 합니다.

정직하게 행하였으나

아마샤가 여호와께서 보시기에 정직하게 행하기는 하였으나

온전한 마음으로 행하지 아니하였더라 _대하 25:2

＼

아마샤가 여호와 보시기에 정직하게 행하였으나

그의 조상 다윗과는 같지 아니하였으며 _왕하 14:3a

＼

위의 말씀을 보면, 하나님은 아마샤가 정직하게 행하기는 하였다고 말씀하십니다. 그의 어떤 모습이 여호와께서 보시기에 정직했을까요?

정직하게 행한 것

▌율법대로 처벌하다

> 그들의 자녀들은 죽이지 아니하였으니 이는 모세의 율법책에 기록
> 된 대로 함이라 곧 여호와께서 명령하여 이르시기를 자녀로 말미암
> 아 아버지를 죽이지 말 것이요 아버지로 말미암아 자녀를 죽이지
> 말 것이라 오직 각 사람은 자기의 죄로 말미암아 죽을 것이니라 하
> 셨더라 _대하 25:4

아마샤는 왕위에 오른 후 자신의 권력이 안정되자, 아버지 요
아스를 죽였던 신하들을 반역죄로 처단했습니다. 이때 아마샤
는 자신의 복수심을 마음대로 휘두르지 않고 율법에서 명한 대
로 반역죄를 저지른 당사자들만을 처형했습니다. 하나님의 율
법은 죄를 지은 당사자만을 처벌하고 자녀와 자손에게는 일체
의 형벌을 내리지 말 것을 명하고 있습니다. 신명기 24장 16절
에서 "자식들은 그 아버지로 말미암아 죽임을 당하지 않을 것이
니 각 사람은 자기 죄로 말미암아 죽임을 당할 것이니라"라고 말
하고 있듯이, 하나님은 죄의 책임을 다른 사람에게 묻지 말라고
하셨습니다.

아마샤가 율법을 준수하기 위해 자신의 아버지 요아스를 살해한 자들의 자손을 살려 준 것은 쉬운 일이 아니었습니다. 고대에는 연좌제가 보편적이었기 때문입니다. 그 당시에는 반역한 자의 일가, 친척뿐만 아니라 위아래로 3대를 멸하는 것이 관습이었습니다. 그러나 아마샤는 복수심을 억제하고 율법을 따랐기에 하나님께서 그 모습을 보고 정직하게 행했다고 하신 것입니다.

▎순종하다

> 어떤 하나님의 사람이 아마샤에게 나아와서 이르되 왕이여 이스라엘 군대를 왕과 함께 가게 하지 마옵소서 여호와께서는 이스라엘 곧 온 에브라임 자손과 함께 하지 아니하시나니 _대하 25:7

아마샤는 나라가 안정되자 왕으로서의 업적을 위해 군대를 소집하여 잃어버린 에돔 땅을 칠 계획을 세웁니다. 자신이 본보기로 삼았던 다윗이 과거에 에돔을 정복했던 것처럼 자신도 에돔을 정복하고 싶어 했습니다. 전쟁에 나갈 수 있는 20세 이상을 세어 보니 30만 명 정도가 되었는데, 이 정도로는 부족하다고 생각하여 은 백 달란트를 주고 이스라엘에서 큰 용사 10만 명을 고용하였습니다. 돈을 주고 산 용병의 힘으로 군인의 숫자를 늘려

에돔과의 전쟁에서 승리하고자 한 것입니다.

그때 어떤 하나님이 사람이 아마샤에게 나아와 이스라엘 용병들과 함께 전쟁에 나가지 말라는 하나님의 뜻을 전합니다. 그는 만약 하나님의 뜻을 거스르고 이스라엘 용병들을 데리고 전쟁에 나간다면 패하게 될 것이라고 강하게 말했습니다. 아마샤는 순간 여러 가지를 계산하며 주저했지만, 물질적인 손해를 무릅쓰고 그 말씀에 순종합니다. 하나님 말씀에 순종한 아마샤는 이스라엘 용병들을 돌려보낸 후, 30만 명의 군사만을 데리고 용기를 내어 전쟁에 나갑니다. 전쟁의 결과는 당연히 승리였습니다. 말씀에 순종한 아마샤에게 하나님께서 승리를 허락하신 것입니다.

온전하지 못한 마음

아마샤가 여호와께서 보시기에 정직하게 행하기는 하였으나
온전한 마음으로 행하지 아니하였더라 _대하 25:2

KJV 성경에서는 "온전한 마음으로 행하지 아니하였더라"라는 말씀을 "But not with a perfect heart", 즉 완벽한 마음을 가지지 않았다고 번역하고 있습니다. 이는 중심이 여호와를

떠나 있음을 의미합니다. 예를 들어 예배를 드릴 때 의무감 때문에 형식적으로 드리는 것, 대가를 바라면서 어쩔 수 없이 부모를 섬기는 것, 요직과 좋은 평판을 위해 교회 봉사를 하는 것, 헌신을 드러내기 위해 어쩔 수 없이 십일조를 드리는 것 등은 온전한 마음으로 행하지 않는 것이라 볼 수 있습니다.

위의 말씀에서 하나님께서는 아마샤가 온전한 마음으로 행하지 않았다고 하십니다. 하나님은 아마샤의 어떤 모습을 보고 온전하지 못하다고 하셨을까요?

▌사람의 힘을 의지함

> 또 은 백 달란트로 이스라엘 나라에서 큰 용사 십만 명을 고용하였더니 _대하 25:6

아마샤는 자신이 왕위에 오른 후 나라가 안정되자 에돔과의 전쟁에 나섭니다. 전쟁을 위해 20세 이상의 30만 명의 군사를 모았으나, 이를 부족하게 여겨 돈을 지불하고 이스라엘 나라에서 용병 10만 명을 고용합니다. 하나님은 이에 대해 기뻐하지 않으셨습니다. 아마샤가 하나님이 아닌, 눈에 보이는 사람의 힘을 의지했기 때문입니다. 그래서 하나님은 무명의 하나님의 사람을 통해 "왕이여 이스라엘 군대를 왕과 함께 가게 하지 마옵소서 여호와께서는 이스라엘 곧 온 에브라임 자손과 함께 하지 아니하시나니"(대하 25:7)라고 하며 아마샤를 책망하셨습니다. 당시 이스라엘 백성은 우상 숭배를 하여 하나님의 언약의 백성으로서 자격을 상실했었습니다. 하나님은 당신을 의지하지 않고 우상을 숭배하는 자들과 연합한다는 것을 죄로 여기셨기에 이스라엘 군대와 함께하는 것을 원하지 않으셨습니다.

이는 우리의 관계 문제와도 연관이 있습니다. 하나님께서는 우리에게 하나님을 미워하는 자와 연합하지 말라 하셨습니다. 그런데 이 말을 믿지 않는 자와 모든 관계를 단절하라는 의미로 이해해서는 안 됩니다. 하나님을 미워하는 자와 연합하지 말라는 것은 믿지 않는 자와 모든 관계를 단절하라는 것이 아니라, 하나님을 대적하여 악을 도모하는 자들과 같은 목적으로 연합하지 말라는 것입니다. 악인과 연합하여 같은 목적을 이룬다는 것은 하나님의 반대편에 서는 것이기 때문입니다. 이와 관련하여 성경은 "복 있는 사람은 악인들의 꾀를 따르지 아니하며 죄인들의 길에 서지 아니하며"(시 1:1)라고 말하고 있습니다.

또한, 하나님께서 보내신 무명의 사람은 "왕이 만일 가시거든 힘써 싸우소서 하나님이 왕을 적군 앞에 엎드러지게 하시리이다 하나님은 능히 돕기도 하시고 능히 패하게도 하시나이다 하니"(대하 25:8)라며 아마샤에게 단호하게 말씀을 전달했습니다. 이는 그럼에도 불구하고 만약에 아마샤가 이스라엘의 용병들과 같이 전쟁에 나간다면, 아무리 애써서 싸운다고 해도 하나님께서 패배하게 하실 것이라는 내용입니다. 전쟁의 승패는 하나님의 손에 있으니, 눈에 보이는 사람의 힘이 아니라 하나님만 의지하여 나아가라고 말씀하신 것입니다. 이렇게 아마샤는 하나님보다 사람을 더 의지하려고 했기에 온전한 마음으로 행하지 못했다는 평가를 받았습니다.

▌끊임없이 계산함

> 아마샤가 하나님의 사람에게 이르되 내가 백 달란트를 이스라엘 군대에게 주었으니 어찌할까 _대하 25:9a

무명의 하나님의 사람이 아마샤에게 북이스라엘의 용병과 함께 전쟁에 나가지 말라고 했을 때, 아마샤는 곧바로 순종하지 않았습니다. 그들에게 이미 지불한 돈이 생각나서 머뭇거렸습니다. 물론 당시의 은 백 달란트는 은 3,400kg으로 120만 명의 하루 품삯에 해당하는 매우 큰돈이었기에, 이 용병을 돌려보내는 것은 아마샤에게 굉장히 큰 손실이었습니다. 아마샤가 돈을 생각하며 머뭇거리자, 하나님의 사람은 "여호와께서 능히 이보다 많은 것을 왕에게 주실 수 있나이다"(대하 25:9)라고 말하며 더 이상 계산하지 말고 용병들을 돌려보내라고 말합니다.

성경에는 하나님과의 관계에서 계산을 하다가 모든 의미를 상실하게 된 인물들이 나옵니다. 먼저, 가룟 유다입니다. 예수님께서 베다니 나병 환자 시몬의 집에서 식사하실 때, 한 여인이 매우 값진 향유 한 옥합을 가지고 와서 이를 깨뜨려 예수님의 머리에 발랐습니다. 이때 가룟 유다는 "이 향유를 삼백 데나리온 이상에 팔아 가난한 자들에게 줄 수 있었겠도다"(막 14:5)라며 여인을 책망했습니다. 이 여인은 주님을 사랑해서 계산하지 않고 아낌없이 드린 것인데 계산적인 가룟 유다의 눈에는 낭비로 보였던 것입니다. 예수님을 계산적으로 믿고 따랐던 가룟 유다는 결국 예수님을 은 삼십에 팔아넘기는 일을 저지르고 맙니다.

다음으로 아나니아와 삽비라입니다. 그들은 자신의 소유를 팔아 하나님께 드리고도 죽음을 맞이했습니다. 하나님 앞에서 자신의 이익을 계산했기 때문입니다. 아나니아와 삽비라는 자신들의 소유를 팔아서 하나님께 드리려고 했으나, 막상 계산해 보니 아까운 생각이 들어 땅값 일부를 숨겨 놓고는 모든 것을 드리는 것처럼 거짓말을 했습니다. 이 일의 결과는 저주스러운 죽음이었습니다. 하나님과의 관계에서의 계산은 모든 것을 상실하게 합니다.

진실한 사랑은 계산하지 않는 사랑입니다. 우리를 향한 하나님의 사랑은 계산하지 않는 진실한 사랑입니다. 예수님은 우리를 너무나 사랑하셨기에 계산하지 않으시고 십자가에 달려 죽으셨습니다. 그리고 지금도 그렇게 우리를 사랑하십니다. 그런데 우리의 모습은 어떤가요? 하나님을 사랑한다고 말하면서도 끊임없이 계산하고 하나님과 거래하려 합니다. 이제 우리는 계산하는 마음을 내려놓고 오직 주님을 신뢰하며 사랑해야 합니다. 그리고 주님을 사랑하는 마음으로 주님의 몸 된 교회를 사랑할 수 있어야 합니다. 영국의 유명한 목사인 찰스 스펄전(Charles Haddon Spurgeon)은 "인간이 하나님 앞에서 할 일은 계산적인 믿음이 아니라, 절대 믿음을 갖는 일이다. 계산은 하나님이 하신다"라고 말했습니다. 그렇습니다. 우리에게 필요한 것은 계산이 아니라 절대 믿음을 갖는 것입니다.

▎우상을 숭배함

> 아마샤가 에돔 사람들을 죽이고 돌아올 때에 세일 자손의 신들을 가져와서 자기의 신으로 세우고 그것들 앞에 경배하며 분향한지라
>
> _대하 25:14

아마샤는 에돔과의 전쟁에서 승리하고 돌아올 때 그 족속들이 섬기는 우상들을 가져왔습니다. 당시 고대 근동에서는

국가 간의 전쟁을 신들의 전쟁으로 믿었기 때문에 전쟁에서 승리하면 패전국의 신전에 불을 지르거나 그 신상들을 전리품으로 취하고, 승전국이 믿는 신을 패전국의 백성에게 섬기도록 강요하였습니다. 당시의 승전국들이 그랬던 것처럼 아마샤도 전쟁에서 승리한 후 그들이 섬기는 신상을 가져왔습니다.

그런데 여기서 문제는 아마샤가 세일 자손의 신들을 가져와 자기의 신으로 세워 경배하고 분향했다는 것입니다. 하나님의 도우심으로 에돔과의 전쟁에서 큰 승리를 거둔 것인데, 가장 먼저 하나님께 감사의 제사를 드리기는커녕 패전국의 우상들을 가져다가 자신의 신으로 섬겨 분향했다는 것은 하나님께서 보시기에 정말 가증스러운 일이었습니다. 아마샤의 이런 교만한 행동은 온전하지 않은 마음에서 비롯된 것이었습니다.

▌하나님의 경고를 무시함

> 그러므로 여호와께서 아마샤에게 진노하사 한 선지자를 그에게 보내시니 _대하 25:15a

아마샤가 에돔과의 전쟁에서 승리한 후 그들의 신에게 경배하고 분향하자, 이를 보고 분노하신 하나님께서 아마샤에게 한 선지자를 보내셨습니다. 바로 징계하지 않으시고 선지자를 통해 경고하신 것은 아마샤가 회개하고 돌이킬 수 있도록 기회를 주신 것입니다. 선지자는 아마샤에게 "저 백성의 신들이 그들의 백성을 왕의 손에서 능히 구원하지 못하였거늘 왕은 어찌하여 그 신들에게 구하나이까"(대하 25:15)라고 말하며, 우상 숭배를 질책했습니다.

이에 대해 아마샤는 "우리가 너를 왕의 모사로 삼았느냐 그치라 어찌하여 맞으려 하느냐?"(대하 25:16)라고 말하며 선지자를 겁박합니다. 하나님은 신정국가인 유다에 모사, 즉 선지자를 두어 왕이 잘못된 길을 가면 경고하게 하셨는데, 아마샤는 선지자의 경고를 무시하고 오히려 선지자를 협박했습니다. 역대하 25장 16절 말씀을 공동번역에서는 이렇게 말합니다.

> 예언자가 이렇게 말을 꺼내는데, 왕은 "네가 언제 왕의 고문이 되었더냐?" 하면서 호통을 쳤다. "입을 닥쳐라. 맞아 죽고 싶으냐?" 예언자는 하려던 말을 중단하고 이렇게 말하였다. "알겠습니다. 임금님께서 이런 일을 하시고도 소인의 충고를 듣지 않으시는 것을 보니, 하느님께서 임금님을 멸하시기로 결정하신 모양입니다." _대하 25:16, 공동번역

아마샤는 성전에서 돌에 맞아 죽은 스가랴 선지자를 상기시키며 하나님께서 보내신 이를 겁박했습니다. 선지자는 교

만하고 완악한 아마샤에게 "왕이 이 일을 행하고 나의 경고를 듣지 아니하니 하나님이 왕을 멸하시기로 작정하신 줄 아노라"(대하 25:16)라고 말합니다. 여기서 '나의 경고'는 하나님의 경고를 의미하고, '아노라'에는 확신의 의미가 담겨 있습니다. 아마샤가 하나님의 경고를 받아들이지 않으니, 하나님으로부터 멸망당할 것을 확신한다는 것입니다. 성경을 보면 선지자의 말을 청종하고 따랐던 다윗과 같은 왕은 형통하고 진노 중에도 피할 길을 얻었으나, 자신에게 조언한 선지자 하나니를 감옥에 가뒀던 유다의 왕 아사는 발에 병이 생겨 고생하다 죽었다는 예를 찾아볼 수 있습니다. 그렇다면 하나님의 경고를 무시한 아마샤는 어떻게 되었을까요? 우상을 숭배하고 하나님의 경고를 무시한 아마샤는 하나님께 묻지도 않고 북이스라엘과 전쟁을 벌입니다. 하나님께서 도우시지 않은 그 전쟁에서 아마샤는 당연하게 굴욕적으로 패배합니다. 또한 전쟁의 패배 이후, 예루살렘에서 반역이 일어나자 아마샤는 라기스로 도망가지만, 반역자들이 보낸 자객에 의해 살해를 당합니다. 아버지 요아스가 반역자들의 손에 죽었던 것과 같은 결과를 맞이한 것입니다. 하나님을 무시했던 아마샤의 인생은 이렇게 비참하게 끝이 납니다.

우리가 배워야 할 점

아마샤는 에돔과의 전쟁에서 승리한 이후에 교만하고 완악해지기 시작했습니다. 이스라엘의 요아스가 아마샤에게 "네가 에돔 사람들을 쳤다고 네 마음이 교만하여 자긍하는도다"(대하 25:19)라고 한 것을 볼 때, 아마샤가 얼마나 교만하였는지 짐작할 수 있습니다. 아마샤의 모습을 통해 성공이 실패의 원인이 될 수 있음을 생각해 봐야 합니다. 우리 주변에도 원하는 대학이나 직장에 들어간 후 하나님을 떠나는 사람들의 모습을 찾아볼 수 있습니다. 아마샤 역시 에돔과의 전쟁 이후 작은 승리에 심취하여 하나님을 무시하다가 비참한 결과를 맞이했습니다. 여기서 우리는 작은 성공이 큰 실패의 원인이 될 수 있다는 교훈을 얻을 수 있습니다.

다음으로 아마샤의 삶에서 얻어야 할 교훈은 끝까지 온전함으로 행해야 한다는 것입니다. 아마샤는 처음에는 정직하게 행했으나 끝까지 온전한 마음으로 행하지 않았습니다. 온전한 마음으로 행하지 않으면 시간이 흐른 후 실체가 다 드러나고, 마지막 열매가 아름답지 못합니다. 아마샤가 은 백 달란트를 주고 고용했던 이스라엘 용병들을 돌려보내자 그 용병들은 여러 유다 성읍을 약탈하여 3천 명이나 되는 사람을 죽이고 많은 물건을 노략질했습니다. 아마샤 왕이 온전한 마음으로 주를 섬기지 않았기에 관계없는 백성이 약탈당하고 희생당한 것입니다. 이렇게 온전함으로 행하지 않으면 열매가 아름답지 않습니다.

온전함으로 행하지 못했던 아마샤와 달리, 끝까지 온전하게 하나님을 따랐던 성경의 인물이 있습니다. 바로 하나님의 종 갈렙입니다. 하나님은 "그러나 내 종 갈렙은 그 마음이 그들과 달라서 나를 온전히 따랐은즉 그가 갔던 땅으로 내가 그를 인도하여 들이리니 그의 자손이 그 땅을 차지하리라"(민 14:24)라고 하시며 갈렙의 마음을 칭찬하십니다. 그리고 갈렙이 하나님을 온전히 따랐기에 갈렙의 인생을 책임져 주겠다고 약속하셨습니다. 그래서 성경은 갈렙에 대해 이야기할 때마다 '여호와를 온전히 따른 사람'이라고 말하고 있습니다. 하나님을 온전히 따른다는 것은 하나님과 간격 없이 밀착하여 따르는 것을 말합니다. 하나님을 온전히 따랐던 갈렙은 정탐꾼으로 들어갔던 40세부터 85세까지의 삶 동안 변함이 없이 온전한 마음으로 행하였습니다. 우리의 인생도 그래야 합니다. 갈렙처럼 우리의 평생이 하나님께 한결같아야 합니다. 살다보면 하나님과 우리 사이에 간격이 생기는 순간이 오기도 합니다. 그럴 때마다 하나님 앞에 나와 죄를 회개한다면 하나님께서 우리의 인생도 갈렙처럼 책임져 주실 것입니다.

Part 4.

어둠 끝의
　　　빛이 되기를

죽음 그 이후

눅 16:19-29

19 한 부자가 있어 자색 옷과 고운 베옷을 입고 날마다 호화롭게 즐기더라

20 그런데 나사로라 이름하는 한 거지가 헌데 투성이로 그의 대문 앞에 버려진 채

21 그 부자의 상에서 떨어지는 것으로 배불리려 하매 심지어 개들이 와서 그 헌데를 핥더라

22 이에 그 거지가 죽어 천사들에게 받들려 아브라함의 품에 들어가고 부자도 죽어 장사되매

23 그가 음부에서 고통중에 눈을 들어 멀리 아브라함과 그의 품에 있는 나사로를 보고

24 불러 이르되 아버지 아브라함이여 나를 긍휼히 여기사 나사로를 보내어 그 손가락 끝에 물을 찍어 내 혀를 서늘하게 하소서 내가 이 불꽃 가운데서 괴로워하나이다

25 아브라함이 이르되 얘 너는 살았을 때에 좋은 것을 받았고 나사로는 고난을 받았으니 이것을 기억하라 이제 그는 여기서 위로를 받고 너는 괴로움을 받느니라

26 그뿐 아니라 너희와 우리 사이에 큰 구렁텅이가 놓여 있어 여기서 너희에게 건너가고자 하되 갈 수 없고 거기서 우리에게 건너올 수도 없게 하였느니라

27 이르되 그러면 아버지여 구하노니 나사로를 내 아버지의 집에 보내소서

28 내 형제 다섯이 있으니 그들에게 증언하게 하여 그들로 이 고통 받는 곳에 오지 않게 하소서

29 아브라함이 이르되 그들에게 모세와 선지자들이 있으니 그들에게 들을지니라

우리는 학교에서 "모든 사람은 평등하다"라고 배웁니다. 그런데 우리가 사는 세상은 거리가 멀어 보입니다. 많은 사람이 차별이 없는 세상을 외치지만, 이 세상에는 차이가 아닌 차별이 존재합니다. 어디를 가든지 부유한 사람들과 궁핍한 사람들이 있고 그들은 서로 다른 삶을 살고 있습니다. 누가복음 16장 19-29절의 말씀에도 부자와 가난한 자가 등장합니다. 이름을 알 수 없는 부자와 나사로라는 거지의 이야기입니다.

평등하지 않은 삶

한 부자가 있어 자색 옷과 고운 베옷을 입고

날마다 호화롭게 즐기더라 _눅 16:19

＼

부자가 입었던 자색 옷은 당시 왕이나 귀족이 입는 값비싼 옷이고, 고운 베옷은 같은 무게의 금보다 더 비싼 값을 치러야지만 살 수 있는 사치스러운 옷이었습니다. 그리고 날마다 자신을 위해 큰 잔치를 벌이며 호화롭게 살았습니다. 이 부자는 비싸고 사치스러운 옷을 입고 매일 잔치를 열어 최고의 음식을 즐기며 인생을 살았던 것입니다.

> 그런데 나사로라 이름하는 한 거지가 헌데 투성이로 그의 대문 앞
> 에 버려진 채 그 부자의 상에서 떨어지는 것으로 배불리려 하매 심
> 지어 개들이 와서 그 헌데를 핥더라 _눅 16:20-21

그런데 거지 나사로의 삶은 부자의 삶과는 전혀 달랐습니다. 나사로는 피부병을 앓고 있는 가난한 자였습니다. 아무리 가난해도 건강했다면 나사로의 삶이 이렇게 비참하지는 않았을 것입니다. 진물이 흐르고 헐어 버린 그의 몸을 개들이 와서 핥았고, 몸이 불편해서 부자의 상에서 떨어지는 음식을 먹으며 살아야 했습니다. 나사로는 누구 하나 함께해 주지 않는 외로운 사람이었습니다.

부자와 거지 나사로의 삶은 매우 대조적입니다. 부자는 비싼 옷을 입고 매일 사람들과 더불어 잔치를 즐겼던 반면, 거지 나사로는 아픈 몸으로 홀로 누워 부자의 상에서 떨어지는 부스러기로 연명하며 살아갑니다. 이렇게 대조적인 삶이 공존하는 것이 세상입니다. 사람들이 사는 곳 어디에나 부유한 사람과 가난한 사람이 있습니다.

가장 확실한 평등, '죽음'

이에 그 거지가 죽어 천사들에게 받들려

아브라함의 품에 들어가고 부자도 죽어 장사되매 _눅 16:22

＼

우리가 평등하지 않은 세상을 살아가고 있지만, 우리의 인생에는 가장 평등한 것도 존재합니다. 모두에게 가장 확실하고 평등한 것이 바로 죽음입니다. 위의 말씀에서 보면 거지 나사로도, 부자도 모두 죽음을 맞이했습니다. 부자와 가난한 자, 배운 자와 배우지 못한 자도 모두 죽습니다. 불로초를 찾아 헤맸던 진시황제와 '내 사전에 불가능이란 없다'라고 외쳤던 나폴레옹도 죽었습니다. 하나님의 사람인 다윗왕과 철저한 무신론자인 스티븐 호킹(Stephen William Hawking) 박사도 죽었습니다. 이를 보면 죽음이야말로 가장 확실하고 평등한 것임을 알 수 있습니다.

"한 번 죽는 것은 사람에게 정해진 것이요"(히 9:27)라는 말씀처럼 모든 사람에게 죽음은 정해져 있습니다. 하나님께서 그렇게 정하셨기 때문입니다. 우리는 이 세상에서 영원히 살 것처럼 착각하고 죽음과 상관이 없는 듯이 살아가지만, 우리의 삶은 금방 사라지는 안개와 같습니다. 부자와 거지 나사로가 그랬듯, 우리의 선조들이 그랬듯 우리도 언젠가는 이 세상을 떠날 것입니다. 다윗이 "나와 죽음의 사이는 한 걸음 뿐이니라"(삼상 20:3)라고 말했듯이 죽음은 우리에게 멀리 있지 않습니다.

죽음 그 이후

거지 나사로와 부자는 죽음 그 이후에 어떻게 되었을까요? 사람들은 죽음 이후에 대해 궁금해합니다. 사후 세계가 존재하는지, 사후 세계가 어떤 곳일지 말입니다. 그래서 우리는 사후 세계를 경험했다는 사람들과 이를 연구한 책에 관심을 갖습니다. 또한 미국의 방사선학 전문의이자 물리학자인 제프리 롱(Jeffrey Long) 박사는 임사 체험 연구 재단을 설립하여, 20년 동안 전 세계적으로 4,000여 건의 임사 체험 사례를 수집하고 연구해서 '죽음 이후의 삶'을 입증하는 9가지 증거를 도출했다고도 합니다. 그러나 이 세상 그 누구도 죽음 그 이후에 대해 분명하고 정확하게 말할 수 있는 사람은 없습니다. 오직 절대 진리인 하나님만이 죽음 그 이후에 대해 명확하게 말씀하십니다.

▌'끝이 아니다'

> 이에 그 거지가 죽어 천사들에게 받들려 아브라함의 품에 들어가고
> 부자도 죽어 장사되매 _눅 16:22

거지 나사로는 이 세상에서 홀로 쓸쓸하게 떠났지만, 천사들이 육체의 장막을 벗고 나온 나사로의 영혼을 왕처럼 받들어 아브라함의 품으로 인도했습니다. 여기서 아브라함의 품은 천국을 의미합니다. 천국을 '품'으로 표현한 것은 천국에 하나님의 사랑과 위로가 있기 때문입니다. 나사로의 죽음에서 알 수 있듯이 죽음은 단순히 심장의 멎음을 의미하는 것이 아니라, 우리 안에 있는 영혼이 육체의 장막을 떠난 것입니다. 죽음은 끝이 아니라 영원한 세계의 시작입니다.

▌'반드시 심판이 있다'

> 그가 음부에서 고통중에 눈을 들어 멀리 아브라함과 그의 품에 있
> 는 나사로를 보고 _눅 16:23

부자는 많은 사람의 눈물 속에서 배웅을 받으며 장사되었을 것입니다. 그런데 부자의 영혼은 음부의 고통 중에 떨어지

고 맙니다. 여기서 음부는 지옥을 말합니다. 지옥은 하나님의 임재가 없는 곳으로, 음부의 고통에 떨어졌다는 것은 하나님의 심판이 부자에게 임했음을 말합니다. 물질의 부요함을 누리며 살았던 부자는 마음이 교만하여 하나님 없이 살 수 있다고 생각했습니다. 결국 하나님을 믿지 않은 부자는 하나님의 심판, 곧 음부의 고통을 겪습니다. 히브리서 기자가 "한 번 죽는 것은 사람에게 정해진 것이요 그 후에는 심판이 있으리니"(히 9:27)라고 말했듯이, 죽음 뒤에는 심판이 있고 믿지 않는 자에게는 음부의 고통이 주어집니다. 그렇다면 죽음 그 이후 부자는 어떤 음부의 고통을 겪었을까요?

첫째, 부자는 비교의 고통을 겪었습니다. 음부의 고통 중에 있던 부자는 아브라함의 품에 있는 나사로를 봅니다. 부자는 자연스럽게 지옥에 있는 자신과 천국에서 사랑과 위로를 받는 나사로를 비교하며 고통스러워했을 것입니다. 비교의 고통만큼 큰 정신적 고통은 없습니다. 지옥에서 몸으로 겪는 고통도 부자를 괴롭게 했겠지만 자신과 나사로의 상황을 비교하면서 겪는 정신적 고통은 부자를 더욱 비참하게 만들었을 것입니다.

둘째, 부자는 목마름의 고통을 겪었습니다. "아버지 아브라함이여 나를 긍휼히 여기사 나사로를 보내어 그 손가락 끝에 물을 찍어 내 혀를 서늘하게 하소서 내가 이 불꽃 가운데서 괴로워하나이다"(눅 16:24)라는 말은 음부의 고통 중에 있던 부자가 아브라함에게 했던 간청입니다. 부자는 지금 불꽃 가운데에 있습니다. 지옥은 영원히 꺼지지 않는 불꽃 가운데서 죽지 않고 영원한 고통을 당하는 곳입니다. 성경은 지옥을 '불못'(계 20:14-15)으로 묘사하며, '세세토록 밤낮 괴로움을 당하는 곳'(계 20:10)이라고 말합니다. 또한 예수님은 "거기에서는 구더기도 죽지 않고 불도 꺼지지 아니하느니라 사람마다 불로써 소금 치듯 함을 받으리라"(막 9:48-49)라고 지옥에 대해 말씀하셨습니다. 지옥에서는 구더기도 죽지 않는다는 것으로 보아, 지옥에 있는 자들은 영원히 죽을 수 없는 상태임을 알 수 있습니다. 다시 말해 지옥은 영원히 꺼지지 않는 불못에서 죽지도 못하고 괴로움을 당하는 끔찍한 곳이라는 것입니다.

셋째, 부자는 다시는 나올 수 없는 곳에 갇혔습니다. 나사로를 보내어 손가락 끝에 물을 찍어 혀를 서늘하게 해 달라고 부탁한 부자에게 아브라함은 "너희와 우리 사이에 큰 구렁텅이가 놓여 있어 여기서 너희에게 건너가고자 하되 갈 수 없고 거기서 우리에게 건너올 수도 없게 하였느니라"(눅 16:26)라고 말합니다. 이는 지옥이 한번 들어가면 다시는 나올 수 없는 곳임을 말해 줍니다. 지옥은 영원히 빠져나올 수 없는 감옥과 같습니다.

부자의 간청

이르되 그러면 아버지여 구하노니 나사로를 내 아버지의 집에 보내소서

내 형제 다섯이 있으니 그들에게 증언하게 하여

그들로 이 고통 받는 곳에 오지 않게 하소서 _눅 16:27-28

음부의 고통 속에 있던 부자가 또 하나의 간청을 합니다. 자신의 다섯 형제에게 나사로를 보내어 죽음 이후의 세계가 있음을 알리고, 자신의 형제들이 지옥에 들어오지 않게 해 달라는 것이었습니다. 부자는 자신이 겪고 있는 불못의 고통을 자신의 가족이 겪지 않기를 바랐습니다. 지옥에 있는 자들의 한결같은 소원은 자신이 사랑하는 사람들이 고통뿐인 이곳, 지옥에 오지 않는 것이 아닐까 생각합니다.

부자의 간청에 대해 아브라함은 "그들에게 모세와 선지자들이 있으니 그들에게 들을지니라"(눅 16:29)라고 하며 거절합니다. 여기서 말하는 모세와 선지자는 구약 성경을 대표하는 사람들로 구약 성경의 핵심인 메시아를 증거하는 자를 의미합니다. 그렇다면 오늘날의 모세와 선지자는 2,000년 전에 이 땅에 오셔서 우리 죄를 위해 십자가에 달려 죽으셨다가 부활하신 예수를 전하는 자, 곧 복음을 전하는 자들을 의미할 것입니다. 복음을 전하는 자들은 지옥을 향하여 가는 자들에게 예수

십자가의 복음을 전해야 합니다.

예수님은 우리의 모든 죄를 용서하고 사하시기 위해 십자가에서 온갖 멸시를 당하시고 목마름의 고통을 느끼며 피 흘려 돌아가셨습니다. 우리의 죄는 후회를 한다고 사라지는 것이 아니라, 반드시 죗값을 지불해야만 합니다. 그래서 예수님은 십자가에서 "다 이루었다"라고 선포하시며 죽음으로 우리의 죗값을 대신 치르셨습니다. 이때 다 이루었다는 말은 '테텔레스타이'(τετέλεσται)로, 값을 지불했다는 뜻입니다. 주님께서 십자가에 달려 죽으심으로 우리의 모든 죗값을 지불하셨습니다. 그래서 예수님을 믿으면 모든 죄를 사함받고 하나님의 자녀가 되는 것입니다. 주님의 완전하심은 여기서 끝나지 않습니다. 예수님은 죽으신 후 사흘 만에 다시 살아나셨습니다. 이는 예수님께서 죽음의 권세를 깨뜨리고 승리하셨음을 의미합니다. 그래서 예수님을 믿으면 죽음을 이기신 부활의 생명으로 다시 태어나는 영생을 얻게 되는 것입니다.

예수를 믿고 구원을 받는 것은 이 세상에서 가장 쉬운 일입니다. 구원을 받기 위해 우리가 할 일이 아무것도 없기 때문입니다. 우리는 마음의 문을 열고 입으로 시인하여 예수를 영접하기만 하면, 모든 죄를 용서받아 하나님의 자녀가 되고 영원한 생명을 얻을 수 있습니다. 영생을 얻은 우리는 나사로처럼 죽음 이후에 천사의 인도를 받아 주님의 품에 안길 것입니다.

다시 세상으로

요 20:21

예수께서 또 이르시되 너희에게 평강이 있을지어다 아버지께
서 나를 보내신 것 같이 나도 너희를 보내노라

2021년에 21세기교회연구소와 목회데이터연구소에서 20,
30대 기독 청년 700여 명을 대상으로 설문 조사를 했습니다.
"성경 말씀을 지키며 살면 사회에서 성공할 수 없다"라고 생
각하느냐는 질문에 40.4%가 "그렇다"라고 대답했고, "성경 말
씀을 지키며 사는 사람은 내 주위에 별로 없다"라는 질문에는
61.7%가 "그렇다"라고 대답했습니다. 이는 많은 기독 청년이
신앙과 현실의 삶 사이에서 괴리감을 느끼고 있음을 보여 준
사례입니다. 신앙과 삶 사이의 괴리감은 비단 기독 청년만의
문제가 아니라, 많은 그리스도인이 겪고 있는 문제입니다. 또
한 그리스도인들이 지닌 문제 중 하나는 '세상은 더럽고, 교회
는 깨끗하다'라는 이분법적인 생각입니다. 그러나 이는 성경
적이지 않습니다. 우리는 '다시 세상으로' 나아가야 합니다.

우리를 세상에서 부르신 하나님

내가 너를 지명하여 불렀나니 너는 내 것이라 _사 43:1b

'다시 세상으로' 나아가야 한다는 말에는 우리가 이미 과거
에 세상에 있었던 존재라는 것이 전제되어 있습니다. 우리는
과거에 세상에 속해 있던 자들이지만, 하나님은 세상에 있던

우리를 선택하여 부르셨습니다. 성경은 하나님의 부르심에 대한 이야기로 가득 차 있습니다. 하나님은 우상을 만들어 팔던 아브람을 부르셔서 믿음의 조상으로 세우셨고, 갈릴리에서 물고기를 낚던 시몬을 부르셔서 사람을 낚는 자가 되게 하셨습니다. 그 밖에도 나다나엘, 사무엘, 사울, 삭개오 등을 지명하여 부르셨습니다.

하나님은 성경 속의 인물들을 부르셨던 것처럼, 세상에 속해 있던 우리도 부르셨습니다. 어떤 사람은 디모데처럼 믿음의 가정에서 태어나게 해서 부르시고, 어떤 사람은 사도 바울처럼 복음을 핍박하던 자리에서 부르셨으며, 어떤 사람은 누군가의 강력한 권면을 통해 부르셨습니다. 또 어떤 사람은 지독한 외로움, 죽음에 대한 두려움, 재정의 어려움, 관계의 깨어짐 등의 고통 속에서 부르셨습니다. 그리고 어떤 사람은 어머니의 태에서부터, 어떤 사람은 친구와 뛰어놀던 어린아이 시절, 어떤 사람은 인생의 방향을 고민하는 청년의 때에, 어떤 사람은 죽음의 문턱에서 부르심을 받았습니다. 이렇게 우리는 다양한 방식으로, 각기 다른 시기에 부르심을 받았습니다. 각기 다른 모습이지만, 단 하나 동일한 사실은 우리 모두 하나님의 은혜로 부르심을 받았다는 것입니다.

교회를 헬라어로 '에클레시아'(ἐκκλησία)라고 말합니다. 에클레시아는 '~으로부터'라는 뜻의 '에크'(ἐκ)와 '부르다'라는 뜻의

'칼레오'(καλέω)의 합성어입니다. 교회는 세상으로부터 부르심을 받은 자들의 모임이라는 의미를 지닙니다. 세상에 속해 있던 우리는 하나님의 특별한 은혜의 부르심으로 이 자리에 모이게 된 것입니다.

우리를 세상으로 보내신 하나님

아버지께서 나를 보내신 것 같이 나도 너희를 보내노라 _요 20:21b

위의 말씀에서 '너희'는 누구를 말하는 걸까요? 당시의 예수님의 제자들만을 말하는 것일까요? 아닙니다. 여기에서 말하는 '너희'는 예수님을 믿는 우리 모두를 말합니다. "나도 너희를 보내노라"라는 말씀은 2,000년 전의 제자들에게만 해당되는 것이 아닙니다. 오늘날 예수님을 믿는 우리 모두에게 주신 명령입니다. 그렇다면 여기서 우리를 보내겠다고 말한 '나'는 누구를 말하는 걸까요? '누가 우리를 세상에 보내었는가?'는 매우 중요한 문제입니다. 누구로부터 보내심을 받았는지에 따라 우리의 신분과 권위가 달라지기 때문입니다. "나도 너희를 보내노라"라고 말씀하신 '나'는 바로 부활하신 예수님입니다. 사망 권세를 물리치고 부활하신 예수님께서 우리를 이 세상 가운데로 다시 보내셨습니다.

> 그러므로 우리가 그리스도를 대신하여 사신이 되어 하나님이 우리
> 를 통하여 너희를 권면하시는 것 같이 그리스도를 대신하여 간청하
> 노니 너희는 하나님과 화목하라 _고후 5:20

위의 말씀에는 "그리스도를 대신하여"라는 문장이 두 번이
나 나옵니다. 이는 우리가 그리스도를 대신하여 이 세상에 보
내심을 받은 그리스도의 대사, 즉 하나님의 대사라는 것을 강
조하는 것입니다. 이렇게 하나님께서 우리를 세상으로 부르신
것은 교회 안에 가두어 두기 위함이 아니라, 세상에 다시 보내
시기 위함입니다. 우리의 신앙생활 무대는 교회가 아니라, 세
상입니다. 우리의 가정, 학교, 일터가 신앙생활의 무대인 것입
니다.

이리 떼가 가득한 세상

하나님께서 우리를 보내신 세상은 어떤 곳일까요? 그곳은
세상의 신이 지배하는 곳입니다. 사도 바울이 "이 세상의 신이
믿지 아니하는 자들의 마음을 혼미하게 하여 그리스도의 영광

의 복음의 광채가 비치지 못하게"(고후 4:4)한다고 말한 것처럼, 이 세상은 음란과 부정, 미움과 갈등이 가득하여 어둡고 부패한 곳입니다. 그래서 예수님은 열두 제자를 파송하시며 "내가 너희를 보냄이 양을 이리 가운데로 보냄과 같도다"(마 10:16)라고 말씀하셨습니다. 이는 성도와 세상의 관계가 양과 이리의 관계와도 같다는 의미입니다. 양은 우둔하고 연약한 짐승인 반면, 이리는 간교하고 사나운 짐승입니다. 이처럼 우리는 양을 공격하는 이리 떼가 가득한 세상에 보냄을 받은 것입니다.

또한 예수님은 "너희가 나로 인하여 핍박을 받고 내 이름 때문에 모든 사람으로부터 미움을 받을 것이라"라고 말씀하셨습니다. 그렇습니다. 세상은 우리를 끊임없이 미워하고 핍박합니다. 그럴수록 우리는 "시험에 들지 않도록 깨어 기도하라"(마 26:41)는 예수님의 말씀을 기억해야 합니다. 깨어 있지 않으면 사탄의 공격에 넘어지고 시험에 들 수밖에 없습니다. 그러니 세상을 만만하게 보지 말고 항상 깨어 있어야 할 것입니다.

그래도, 다시 세상으로!

이리 떼가 가득하고, 핍박을 당할지라도 우리는 세상으로 나아가야 합니다. 부활하신 예수님께서 우리를 이 세상 가운데로 보내셨기 때문입니다. 만일 우리가 세상에 나아가지 않는다면 하나님은 환난과 핍박을 통해서라도 우리를 흩으실 것입니다. 예수님이 예루살렘 교회를 향해 "오직 성령이 너희에게 임하시면 너희가 권능을 받고 예루살렘과 온 유대와 사마리아와 땅 끝까지 이르러 내 증인이 되리라"(행 1:8)라고 말씀하셨지만, 그들은 나아가지 않았습니다. 그러자 하나님은 큰 박해를 통해 예루살렘 교회를 흩으셨습니다. 이는 우리도 마찬가지입니다. 만일 우리가 "여기가 좋사오니"라고 하며 우리끼리만 모여 있다면, 하나님은 어떤 방법을 통해서라도 우리를 흩으실 것입니다.

종교 개혁자 마틴 루터와 그의 후예들은 주일 오전 예배를 마치면 교회의 출입문을 잠그는 '폐문 의식'을 했습니다. 예배를 드린 후 세상으로 나아가 흩어진 교회가 되라는 의미입니다. 진정한 예배는 예배 이후에 시작됩니다. 그러므로 우리가 예배를 통해 하나님께서 주시는 힘과 능력을 공급받고, 성도와 교제를 통해 위로를 얻었다면 다시 세상으로 나아가야 합니다.

당신이 기도했으면 좋겠습니다

너희는 이 세대를 본받지 말라

롬 12:2

너희는 이 세대를 본받지 말고 오직 마음을 새롭게 함으로 변화를 받아 하나님의 선하시고 기뻐하시고 온전하신 뜻이 무엇인지 분별하도록 하라

너희는 이 세대를 본받지 말고 오직 마음을 새롭게 함으로 변화를
받아 하나님의 선하시고 기뻐하시고 온전하신 뜻이 무엇인지 분별
하도록 하라 _롬 12:2

우리는 하나님의 대사로 이 세상에 보냄을 받았습니다. 이 세상에 보냄을 받은 우리는 우리의 몸을 하나님이 기뻐하시는 거룩한 산 제물로 드려야 합니다. 로마서 12장 2절 말씀에는 '어떤 사람'이 세상 속에서 삶으로 하나님을 예배드릴 수 있는 지에 대해 언급하고 있습니다. 이에 대해 이야기해 보고자 합니다.

삶으로 하나님을 예배하는 자

▌세상을 거스르는 자

너희는 이 세대를 본받지 말고 _롬 12:2a

사도 바울은 '믿음으로 구원받은 자는 몸과 삶으로 하나님을 예배하라'(롬 12:1) 말하고 곧이어 "너희는 이 세대를 본받지

말라"고 합니다. 이는 이 세대를 본받지 않는 자가 자신의 몸을 하나님이 기뻐하시는 산 제물로 드릴 수 있음을 의미합니다. 그래서 사도 바울이 이 세대를 본받지 말라 권면한 것입니다. 우리가 삶으로 하나님을 예배하는 자가 되기 위해서는 이 세대를 본받지 말아야 하므로, 성경에서 말하는 '이 세대'와 이를 '본받지' 않는 것이 무엇인지 알아야 합니다.

먼저 '이 세대'에 대해서 살펴보면, 헬라어에는 '세대'를 뜻하는 단어가 두 가지가 있습니다. 하나는 '코스모스'(κόσμος)인데, 이는 공간적이고 우리 눈에 보이는 세상을 말하고, 다른 하나는 '아이온'(αἰών)으로, 시간적이고 보이지 않는 세계를 말합니다. "너희는 이 세대를 본받지 말고"(롬 12:2)에서 '세대'를 '아이온'으로 표현하고 있는 것으로 보아, '세대'는 우리 눈에 보이지 않는 악한 영이 지배하고 있는 인본주의적이고, 타락한 생활 방식을 말한다고 볼 수 있습니다.

다음으로 이 세대를 '본받지 말라'라는 것은 무엇을 의미할까요? 이를 이해하기 위해서는 '본받는다'라는 단어의 뜻을 알아야 할 것입니다. '본받다'라는 것은 '같은 모양이 되다, 자기 자신을 ~와(과) 동일시하다, 따르다' 등의 뜻을 지니고 있습니다. 그러므로 이 세대를 '본받는다'라는 것은 세상의 흐름에 따라 세상 사람들과 동일시하여 그들과 같은 모양이 되는 것을 말합니다. 따라서 이 세대를 '본받지 말라'는 것은 세상의 흐름에 자신을 내어 맡기지 말고, 세상 사람들과 구별되어 살아가는 것을 말합니다.

죽은 물고기와 살아 있는 물고기는 큰 차이가 있습니다. 죽은 물고기는 물결을 따라 떠내려가지만, 살아 있는 물고기는 물결을 거슬러 올라갈 수 있습니다. 하나님의 생명을 가진 우리는 죽은 물고기처럼 세상의 물결에 떠내려가는 인생이 아니라, 성령의 능력으로 세상의 물결을 거슬러 올라가는 인생을 살아야 합니다. 우리는 세상의 성공을 위해 대세를 따라 살지 말고, 성령의 능력으로 죄악의 파도를 헤치며 나아가야 합니다. 이것이 바로 이 세대를 본받지 않는 것입니다.

▌하나님의 뜻을 분별하는 자

> 오직 마음을 새롭게 함으로 변화를 받아 하나님의 선하시고 기뻐하시고 온전하신 뜻이 무엇인지 분별하도록 하라 _롬 12:2b

삶으로 하나님을 예배하는 자는 하나님의 뜻을 분별해야 하고, 하나님의 뜻이 무엇인지 알아야 합니다. 먼저, 하나님의 뜻은 언제나 선하십니다. 하나님이 선하신 분이기 때문입니다. 선하지 않은 것은 하나님의 뜻이 아닙니다. 명분이 좋아 보이고, 성공을 보장해 주는 것처럼 보여도 선하지 않다면 하나님의 뜻이 아닙니다. 우리는 선을 도덕과 윤리적 관점에서만 생각하지만, 하나님의 선하심은 우리를 죄에서 구원하신 하나님의 구원 역사를 말합니다. 하나님이 창세 전에 나를 택하신 것, 예수 그리스도께서 십자가 위에서 내 모든 죄를 사하시고 나를 의롭다고 하셔서 그 무엇도 하나님의 사랑에서 끊을 수 없는 것, 이 모든 것이 하나님의 선하심입니다. 하나님의 뜻은 선하시기에 하나님을 사랑하는 자들에게 모든 것이 합력하여 선을 이루게 하십니다.

다음으로, 하나님의 뜻은 항상 기뻐하는 것입니다. 어떠한 결정을 하기 위해 하나님의 뜻을 알고자 할 때 내 안에 계신 성령께서 기뻐하시는지를 생각해야 합니다. 내가 좋다고 해도 성령께서 근심하신다면 그것은 하나님의 뜻이 아닙니다. 그래서 하나님은 우리의 기도에 응답의 기쁨으로 역사하실 때가 많습니다.

마지막으로, 하나님의 뜻은 온전합니다. 온전하다는 것은 부족함이나 흠이 전혀 없음을 의미합니다. 우리의 생각과 뜻은 온전하지 못하기에, 하나님의 뜻을 분별해야 합니다. 이 세대를 본받지 않고 삶의 현장에서 삶으로 예배를 드리려면 온전하신 하나님의 뜻을 구해야 합니다.

하나님의 뜻을 분별하기 위해서는 마음을 새롭게 함으로 변화를 받아야 합니다. 마음을 새롭게 하여 변화를 받기 위해서는 말씀을 듣고 암송하며 묵상해야 합니다. 말씀을 묵상하는 그 마음에 성령께서 역사하셔야 마음이 새롭게 되어 변화를 받습니다. "성경은 하나님의 감동으로 된 것"(딤후 3:16)으로 "하나님의 사람으로 온전하게 하며 모든 선한 일을 행할 능력을 갖추게"(딤후 3:17) 하기 때문입니다. 진리로 인도하시는 성령께서 말씀으로 우리의 마음을 새롭게 하셔서 우리가 변화될 때 우리는 하나님의 뜻을 분별할 수 있습니다. 그리고 이 세대를 본받지 않고 우리의 몸을 산 제물로 드리며 삶의 예배를 드릴 수 있습니다.

이 세대를 본받지 않는 삶

▎이 세상의 풍속을 따르지 않는 삶

사도 바울은 우리가 구원받기 전에 '이 세상 풍조를 따르는 삶을 살았다'(엡 2:2)라고 말합니다. 또한 하나님은 애굽에서 이스라엘 백성을 구하신 후에 '이방 족속의 풍속을 따르지 말라'(레 18:3)라고 말씀하셨습니다. 이방 족속의 풍속에는 하나님께서 가증하게 여기시는 것이 가득해서, 이를 따르면 큰 두려움이 생기고 결국 멸망에 이르기 때문입니다. 레위기에는 이스라엘 백성이 따라서는 안 되는 가나안의 인신 제사 풍속, 문란한 성적 풍속 등이 기록되어 있습니다. 하나님은 이러한 야만적이고 음란한 가나안의 풍속들을 열거하시면서 따르지 말라 명령하셨습니다.

우리가 사는 이 세상의 풍속도 가나안의 풍속과 다름이 없습니다. 주님은 우리에게 악한 영이 지배하는 이 세상의 풍습과 타락한 생활 방식을 따르지 말라 말씀하십니다. 그런데 하나님의 자녀임에도 불구하고 여전히 세상의 풍조를 따라서 사는 사람들이 있습니다. 내일에 대한 두려움으로 무당을 찾고 사주팔자를 보거나, 손 없는 날을 골라서 이사를 하는 사람들이 있습니다. 세상 사람들이 그런 삶을 살지라도, 하나님의 자녀인 우리는 절대로 세상의 풍조를 따라서 살면 안 됩니다.

▌자기중심적이지 않은 삶

타락한 본성을 지닌 우리는 자기중심적이고 이기적으로 행동합니다. 누군가를 만날 때 그 사람이 나에게 도움이 되는 존재인지 생각하고, 어떤 일을 결정할 때 다른 이들보다 나의 유익을 먼저 생각합니다. '금연 구역'이라는 현수막이 붙어 있는 곳에서 아무렇지 않게 담배를 피우거나, 동네에 장애인을 위한 학교가 들어서려고 하면 집값이 내려간다며 반대 시위를 하기도 합니다. 모든 일을 자기중심적으로 생각하는 것이 세상이 추구하는 가치이기 때문입니다.

예수님을 믿는 사람은 다를까요? 그들도 마찬가지입니다. 하나님의 나라와 비전을 생각하기보다는 내가 누릴 수 있는 것을 먼저 떠올립니다. 예수님을 믿어 좋은 대학에 합격하고 부자가 되어 출세하길 원하는 사람은 많이 있어도, 예수님 때문에 희생하고 고난 당하는 자, 남을 섬기는 자로 살고자 하는 사람은 많지 않습니다. 그러나 우리 주님은 자신만을 위해 살지 말고, 조금 손해를 볼 각오를 하고 때로는 바보처럼 살라 말씀하십니다. 우리 예수님이 그렇게 사셨던 것처럼 말입니다.

▌물질만능주의를 버리는 삶

2015년, 초·중·고생 1만 명을 대상으로 "만일 10억 원이 생긴다면, 죄를 짓고 1년 정도 감옥에 가도 괜찮을까?"라는 질문으로 설문 조사를 했습니다. 이 질문에 고등학생의 56%가 "괜찮다"라고 답했고, 심지어 초등학생도 17%나 "괜찮다"라고 답했습니다. 이 시대의 사람들은 돈이 모든 것을 이뤄 줄 것이라 믿고, 인생의 행복이 돈과 비례한다고 생각합니다. 물질만능주의에 빠져 물질의 노예가 된 세상, 세상 그 무엇보다 돈을 사랑하는 시대, 바로 우리가 사는 세상입니다. 우리는 물질이 만능이라는 생각이 지배적인 세상에서 살고 있지만, 하나님의 자녀인 우리는 돈을 사랑해서는 안 됩니다. 예수님께서는 돈을 좋아하는 바리새인들에게 "하나님과 재물을 겸하여 섬길 수 없느니라"(눅 16:13)라고 하셨고, 성경은 "돈을 사랑함이 일만 악의 뿌리가 되나니"(딤전 6:10)라며 돈을 사랑하지 말라고 말합니다. 이는 돈이 필요 없다는 것이 아닙니다. 자본주의 세상에서 돈이 없으면 살 수 없기에 열심히 일하며 돈을 벌어야 합니다. 그러나 돈이 우리의 인생을 지배해서는 안 됩니다. 주님이 내 인생의 주인이심을 고백하며, 물질까지도 다스리는 우리가 되어야 합니다.

너희는 세상의 소금이라

마 5:13

너희는 세상의 소금이니 소금이 만일 그 맛을 잃으면 무엇으로 짜게 하리요 후에는 아무 쓸 데 없어 다만 밖에 버려져 사람에게 밟힐 뿐이니라 우리는 세상에 보냄을 받은 자들입니다. 하나님께서는 세상에 있던 우리를 부르셨고 다시 세상으로 보내셨습니다. 하나님께서는 성령 충만을 받고 세상에 나아가, 세상이 줄 수 없는 평안의 복음을 전하고 부활의 주님을 증거하라고 하십니다. 그렇다면 하나님의 대사로 보냄을 받은 우리는 세상에서 어떤 모습으로 살아가야 할까요?

너희는 세상의 소금이니

너희는 세상의 소금이니 _마 5:13a

예수님은 '너희'는 세상의 소금이라고 말씀하십니다. 이때 '너희'는 누구를 말하는 것일까요? 예수님이 천국 복음을 전하시고 병든 자를 고치시자, 수많은 사람이 예수님을 따랐습니다. 그때 예수님은 산 위에서 자신을 따르는 자들에게 말씀을 가르치셨습니다. 우리는 이를 '산상수훈'이라고 합니다. 예수님은 산 위에서 가르치시던 중 "너희는 세상의 소금"이라고 말씀하셨습니다. 그렇다면 문맥상으로 '너희'는 예수님을 따르며 가르침을 받았던 사람들을 말한다고 볼 수 있습니다. 즉, 예수님이 말씀하신 '너희'는 예수님과 상관없는 자들이 아닌, 예수님을 믿고 따르는 자들입니다. 결국 세상의 소금이 되라는 말씀은 예수님을 믿는 우리에게 주신 말씀입니다.

예수님께서는 우리에게 어떤 소금이 되라고 하셨나요? 바로 '세상의 소금'이 되라고 하셨습니다. 이는 '세상'에서 소금이 되어 살아가라는 의미입니다. 세상은 썩고 부패했으며, 죄악으로 어두운 곳입니다. 조금만 들여다보아도 세상은 음란, 미움, 교만, 분노, 살인, 갈등 등으로 가득한 곳입니다. 그런데 예수님은 우리에게 부패한 세상에 나아가 소금으로 살라고 하십니다.

소금으로서의 삶

예수님은 우리에게 '세상의 소금'으로 살라 하십니다. 세상의 소금으로 살라는 것은 부패한 세상에서 한 줌의 소금으로 살라는 것입니다. 그렇다면 한 줌의 소금으로 사는 것은 어떻게 사는 것일까요?

▌구별된 삶
소금의 중요한 기능 중 하나는 부패를 막는 것입니다. 냉장고와 방부제 등이 없던 시절에 소금은 음식물의 부패를 막아 주는 유일한 존재였습니다. 음식물의 부패를 막는 소금처럼 우리도 세상의 부패를 막는 소금이 되어야 합니다. 소금이 음식물의 미생물 번식을 막듯이 우리는 우리의 삶의 현장에서 죄악의 바이러스가 확산하지 못하게 막아야 합니다. 죄를 회개하고 때로는 죄를 지적하면서 죄가 퍼지지 않게 막아서 사탄의 계획을 수포로 돌아가게 해야 합니다. 세상의 부패를 막는 소금이 되어야 한다는 것은 세상 속에서 구별된 삶을 사는 것을 의미합니다.

염전을 운영하시는 한 장로님의 이야기입니다. 어느 날, 장로님이 일하다가 실수로 소금 가마니를 바다에 빠뜨렸습니다. 그런데 소금 가마니에 있던 소금이 순식간에 녹아 버렸습니다. 소금이 물에 녹는 것은 당연한 일이지만, 생각보다 너무 빨리 녹아 크게 놀랐습니다. 담수에서는 소금이 잘 녹지 않지만, 바닷물에는 이처럼 순식간에 녹아 버립니다. 소금이 바닷물에서 취한 것이기 때문입니다. 바닷물로부터 취한 소금은 순전하게 구별되지만 다시 바닷물을 만나면 금방 녹아 사라지고, 소금으로서의 역할을 하지 못하게 됩니다.

우리도 이와 같습니다. 우리는 바닷물, 즉 세상에서 온 자들입니다. 하나님께서 바닷물이라는 세상에서 우리를 취하여 소금으로 만드셨습니다. 이러한 우리가 세상에 다시 들어가 금세 녹아들어 가서 세상의 방식대로 살아간다면, 세상의 부패를 막는 역할을 할 수 없습니다. 소금 자체로 구별되는 삶을 살아야 세상의 부패를 막을 수 있습니다.

그렇다면, '구별된 삶'이란 구체적으로 어떻게 살아가는 것일까요? 마태복음 5장 13절의 말씀의 앞뒤 맥락을 살펴보면 답이 나옵니다. 구별된 삶이란 예수님께서 가르치신 산상수훈의 말씀대로 사는 것입니다. 먼저 팔복의 말씀(마 5:3-10)에 주목해야 합니다.

심령이 가난한 자는 복이 있나니 천국이 그들의 것임이요

애통하는 자는 복이 있나니 그들이 위로를 받을 것임이요

온유한 자는 복이 있나니 그들이 땅을 기업으로 받을 것임이요

의에 주리고 목마른 자는 복이 있나니 그들이 배부를 것임이요

긍휼히 여기는 자는 복이 있나니 그들이 긍휼히 여김을 받을 것임이요

마음이 청결한 자는 복이 있나니 그들이 하나님을 볼 것임이요

화평하게 하는 자는 복이 있나니 그들이 하나님의 아들이라 일컬음을 받을 것임이요

의를 위하여 박해를 받는 자는 복이 있나니 천국이 그들의 것임이라

그러므로 이 세상에서 소금으로 구별된 삶을 산다는 것은 '심령이 가난하고, 애통하고, 온유하고, 의에 주리고 목마르며, 긍휼히 여기고, 마음이 청결하고, 화평하게 하며, 의를 위하여

박해를 받으면서 사는 삶'인 것입니다.

다음으로 예수님은 산상수훈에서 아래와 같이 말씀하십니다.

> 나는 너희에게 이르노니 악한 자를 대적하지 말라 누구든지 네 오
> 른편 뺨을 치거든 왼편도 돌려 대며 _마 5:39
> 나는 너희에게 이르노니 너희 원수를 사랑하며 너희를 박해하는 자
> 를 위하여 기도하라 _마 5:44

예수님은 악한 자를 대적하지 말고 이웃을 사랑하는 것에서 더 나아가 원수를 사랑하라고 하시며, 우리를 못살게 구는 사람을 위해 기도하라고 하십니다. 우리는 우리에게 사랑을 주는 이들을 사랑하는 것도 어려워하는데, 주님은 우리를 미워하는 이들을 사랑하라고 하십니다. 행하기 어려운 일이지만 주님께서 가르치신 말씀대로 순종하며 사는 것, 이것이 바로 소금으로 사는 것입니다.

그런데 세상의 방식은 예수님의 말씀과 너무나 다릅니다. 세상은 누군가 나에게 해를 끼치면 분노하고 그대로 복수하라고 부추깁니다. 손해를 보는 것이 미련한 것이라 가르칩니다. 이것이 타락한 인간의 본능이기 때문입니다. 그러나 그리스도의 대사인 우리는 세상의 방식대로 살아서는 안 됩니다. 우리는 세상 속에서 구별된 자로서 소금의 역할을 하면서 살아야

합니다. 세상이 더 이상 죄악으로 부패하지 않도록 예수님의 말씀에 순종하여 구별된 모습으로 살아야 합니다.

▌가치 있는 삶

예수님은 "소금은 좋은 것이로되"(막 9:50)라고 말씀하셨습니다. 이때 '좋은'에 해당하는 단어는 '칼로스'(καλός)로, '가치 있는'이라는 뜻을 지닙니다. 이는 소금이 우리의 삶에서 매우 가치 있는 존재라는 것을 의미합니다. 부패를 막는 것 외에 소금의 중요한 기능 중 다른 하나는 음식의 맛을 내는 것입니다. 아무리 좋은 재료가 있다고 해도 소금이 들어가지 않으면 훌륭한 음식이 될 수 없습니다. 또한 소금은 우리의 몸 상태를 정상적으로 유지하는 데 도움을 줍니다. 인체 내 혈액과 세포의 염분 농도는 0.9%인데, 소금이 혈액의 산성화를 막고 신진대사를 돕는다고 합니다. 그렇기에 우리 몸을 건강하게 유지하는 데에도 소금의 가치는 특별합니다.

주님은 우리에게 "너희는 세상의 소금이니"라고 말씀하십니다. 이는 소금처럼 세상 속에서 가치 있는 삶을 살라는 것입니다. 소금이 음식의 맛을 내고, 건강한 신체를 유지하기 위한 역할을 하듯이 우리도 가정, 학교, 직장 등에서 가치 있는 역할을 해야 합니다. 우리는 어디에 있든지 필요한 사람이 되어야 합니다. 우리 가정, 우리 학교, 우리 회사에 꼭 필요한 사람이라는 이야기를 들어야 합니다.

소금이 부패를 막고, 맛을 내는 역할을 하려면 녹아서 음식물에 침투해야 합니다. 소금이 녹아서 음식물에 스며들듯이 우리도 자신을 희생해야 합니다. 누군가를 압박하여 변화시키는 것이 아니라, 조용히 희생하며 녹아들어야 합니다. 정치, 경제, 문화, 가정, 학교, 직장 등의 모든 영역에서 자신을 희생하며 소금이 소금의 역할을 하는 삶을 살아야 합니다. 그렇게 되면 우리의 삶의 현장에서 죄의 영향력이 줄고, 부패가 멈추는 조용한 혁명이 일어날 것입니다.

맛을 잃은 소금

너희는 세상의 소금이니 소금이 만일 그 맛을 잃으면

무엇으로 짜게 하리요 후에는 아무 쓸 데 없어

다만 밖에 버려져 사람에게 밟힐 뿐이니라 _마 5:13

소금은 짠맛을 내야 합니다. 그 짠맛을 잃는다면 아무 쓸데가 없어서 버려지고 밟히게 될 것입니다. 이 말은 세상의 소금인 우리가 구별되고 가치 있는 삶, 즉 소금으로서의 삶을 살지 못하면 세상 사람들에게 짓밟히고 조롱과 모욕을 당한다는 것입니다. 세상 사람들에게 조롱을 당하는 것은 하나님의 영광을 가리는 일입니다. 그러므로 우리는 예수님의 산상수훈의 말씀을 붙들고 세상과 구별된 삶을 살아서, 세상에서 가치 있는 존재가 되어야 할 것입니다.

"너희는 세상의 소금이니"라는 말씀은 헬라어 문법으로 현재 완료형입니다. "너희가 세상의 소금이 될 수 있다" 또는 "너희는 세상의 소금이 될 것이다"라는 미래의 말씀이 아닙니다. 그리고 "너희는 세상의 소금이었다"와 같은 과거에 대한 말씀도 아닙니다. "너희는 지금 세상의 소금으로 살아가고 있다"라고 현재를 가리키는 말씀입니다. 우리는 지금 살아가는 모든 순간 세상의 소금으로 살아가야 합니다. 그리스도의 대사로 세상에 나아가는 그 순간에 이미 우리는 세상의 소금이 되었습니다. 소금이 된 우리는 세상과 다른 구별된 삶으로, 가치 있는 존재로서 살아가야 할 것입니다.

지금 우리 스스로를 돌아보길 바랍니다. 우리는 지금 세상에서 맛을 내는 소금으로 살아가고 있습니까? 아니면, 맛을 잃은 소금이 되어 세상 속에서 짓밟히며 살아가고 있습니까?

너희는 세상의 빛이라

마 5:14

너희는 세상의 빛이라 산 위에 있는 동네가 숨겨지지 못할 것이요

빛이신 예수님과 빛의 자녀인 우리

하나님은 우리에게 어둠인 세상에 하나님의 대사로 나아가라고 명령하셨습니다. 성령의 충만함을 받고 세상에 나아간 우리는 세상과는 구별된 삶을 살아야 합니다. 그래서 예수님은 산상수훈에서 "너희는 세상의 소금"(마 5:13)이라고 하신 후, 곧이어 "너희는 세상의 빛이라"(마 5:14)라고 말씀하십니다. 이때 '너희'는 예수님의 제자인 우리를 말합니다. 그런데 이 말씀에서 주의해서 이해해야 할 부분이 있습니다. 예수님께서 우리에게 '세상의 빛'이라고 하셨지만, 우리가 '참 빛'은 아니라는 사실입니다. 그렇다면 '참 빛'은 누구를 말하는 것일까요?

참 빛 곧 세상에 와서 각 사람에게 비추는 빛이 있었나니 _요 1:9

나는 빛으로 세상에 왔나니 _요 12:46a

예수께서 또 말씀하여 이르시되 나는 세상의 빛이니 _요 8:12a

유일한 참 빛은 예수 그리스도이십니다. 빛이신 예수님이 이 세상에 오셨고, 우리에게 "너희는 세상의 빛이라"라고 말씀하셨습니다. 어둠의 세상에서 온 우리가 빛이신 예수님을 만나서 예수님께 속한 자가 되었기에 빛의 자녀가 된 것입니다. 우리는 빛이신 주 안에서 빛이 되었습니다. 주 안에서 빛이 된다는 것은 주님과 연합한다는 것을 의미합니다. 그런데 우리는 스스로의 노력이 아니라, 주님과 연합하여 그의 안에 거하므로 저절로 빛이 되었습니다. 그래서 주님은 우리에게 "너희는 세상의 빛이 되어라"라고 하지 않으시고, "너희는 세상의 빛이라"라고 말씀하신 것입니다.

발광체인 예수님과 반사체인 우리

빛은 어둠을 몰아내어 주변을 밝히는 역할을 합니다. 아무리 어둠이 강해도 빛이 임하면 어둠은 사라집니다. 그렇다면 주님은 왜 우리를 세상의 빛이라고 하셨을까요? 세상이 죄악의 어둠으로 가득한 곳이기 때문입니다. 살인과 전쟁, 가난과 질병 이야기로 가득 찬 뉴스를 보면 우리가 얼마나 어두운 세상 속에서 살고 있는지 알 수 있습니다. 안타깝게도 이 세상을 살아가는 수많은 영혼이 어둠 속에 갇혀 어디로 갈지 몰라 헤매고 있습니다. 주님은 이런 어두운 세상에 우리가 빛으로 나아가길 원하십니다.

그런데 우리는 참 빛이 아니기에 스스로 빛을 낼 수가 없습니다. 우리는 참 빛이신 주님 안에 거해야 빛을 낼 수 있습니다. 우리 안에 계신 주님이 스스로 빛을 내는 발광체이시고, 우리는 그 빛을 반사하여 빛을 내는 반사체입니다. "너희가 전에는 어둠이더니 이제는 주 안에서 빛이라"(엡 5:8)라는 바울의 말처럼, 우리는 주와 연합하여 그 안에 거해야만 빛을 낼 수 있습니다. 빛이신 예수 그리스도로부터 빛을 받아 어둠의 세상을 비추려면, 우리는 주님과 친밀하게 동행해야 합니다. 세상에 비춰야 할 빛은 우리의 빛이 아니라, 예수 그리스도의 빛이기 때문입니다.

어떤 이는 예수 그리스도의 빛을 보름달처럼 완전히 드러내 세상을 밝게 비추는 반면, 어떤 이는 초승달과 같이 희미하게 비추기도 하고, 또 어떤 이는 아예 빛을 드러내지 못하면서 살기도 합니다. 보름달처럼 주님의 빛을 온전히 드러내기 위해서는 주님과 친밀하게 동행해야 합니다. 주님과 친밀하게 지내다 보면, 점점 더 주님을 닮아 가게 되고 그럴수록 우리는 주님의 빛을 온전하게 드러낼 수 있습니다.

숨겨지지 않는 빛

너희는 세상의 빛이라 산 위에 있는 동네가 숨겨지지 못할 것이요
사람이 등불을 켜서 말 아래에 두지 아니하고 등경 위에 두나니
이러므로 집 안 모든 사람에게 비치느니라 _마 5:14-15

예수님은 "너희는 세상의 빛이라"라고 말씀하신 후, "산 위에 있는 동네가 숨겨지지 못할 것"이라고 하셨습니다. 예수님 시대의 마을은 대부분 작은 산과 언덕 위에 있었습니다. 마을의 집들은 흰 석회암으로 만들어져서 태양이 뜨면 빛을 반사하기 때문에 누구든지 마을을 쉽게 발견할 수 있었습니다. 위의 말씀은, 빛은 감출 수 없기에 빛을 밝히면 모든 것이 드러난다는 것을 의미합니다. 또한 예수님은 등불에 대해 말씀하십니다. 우리가 등불을 켜는 이유는 빛을 내기 위해서입니다. 등불을 켜서 말(곡식을 셀 때 담는 그릇) 아래 둔다면 등불이 제 역할을 하지 못할 것이기에, 예수님은 불을 모든 사람이 볼 수 있도록 등경 위에 두어야 한다고 말씀하십니다.

빛은 그 속성상 숨겨질 수 없습니다. 다시 말해서 예수님을 믿는 사람은 그 속성상 예수님의 제자임이 숨겨질 수 없다는 것입니다. 빛의 자녀는 어디에 있든지 그 빛 때문에 드러날 수밖에 없습니다. 남들이 알아주지 않는 일을 하거나, 많은 사람 사이에 섞여 있을지라도 빛의 자녀는 숨겨지지 않습니다. 모든 일을 주께 하듯이 하고, 빛을 발하여 어둠을 드러내기 때문입니다. 그런데 가끔 말 아래 등불을 덮어두고 일부러 빛을 차단하여 빛의 자녀라는 자신의 신분을 숨기려 하는 이들이 있습니다. 빛을 숨기면 더 이상 빛이 될 수 없습니다. 우리의 신분을 숨긴다면 우리는 더 이상 예수님의 제자가 될 수 없습니다. 예수님은 우리가 당당하게 세상의 빛으로 살아가길 원하십니다.

빛으로 사는 삶

▌착한 행실로 사는 삶

> 이같이 너희 빛이 사람 앞에 비치게 하여 그들로 너희 착한 행실을
> 보고 하늘에 계신 너희 아버지께 영광을 돌리게 하라 _마 5:16

주님은 우리가 세상의 빛으로 사는 것이 세상 사람들로 하여금 우리의 착한 행실을 보게 하는 것이라고 말씀하십니다. 빛은 착한 행실과 연결되어 있습니다. 여기서 말하는 착한 행실은 넓은 의미로 우리 인간이 생각하는 선한 행실을 포함한다고 볼 수 있습니다. 문맥적으로 살펴볼 때, "그들로 너희 착한 행실을 보고"에서 '그들'은 예수님을 믿지 않는 세상 사람들을 말합니다. 따라서 이는 '그들'이 생각하는 착한 행실을 우리가 할 때, '그들'이 우리의 착한 행실을 본다는 의미로 해석할 수 있습니다. 세상 사람들은 우리가 선한 일을 하고, 희생하며 사랑을 실천하면 그 착한 행실에 감동을 받아 우리의 하나님

을 봅니다. 그러므로 빛의 자녀인 우리는 믿지 않는 자보다 더 착한 행실을 하며 살아야 합니다.

▍선교적인 삶

> 예수께서 또 말씀하여 이르시되 나는 세상의 빛이니 나를 따르는 자는 어둠에 다니지 아니하고 생명의 빛을 얻으리라 _요 8:12

예수님께서 이 세상에 오신 목적은 어둠에 거한 자에게 생명의 빛을 주시기 위함입니다. 다시 말해서 어둠 가운데 있는 자들을 구원하기 위해 빛으로 오신 것입니다. 어둠에 있는 자들에게 생명의 빛을 비추게 하는 방법은 바로 복음을 전하는 것입니다. 복음이 빛이기 때문입니다. 어둠에 있는 자들에게 빛의 복음을 전하고, 이들이 복음을 받아들이면 생명의 빛을 얻습니다. 그리고 생명의 빛을 얻은 자들이 많아지면 이 세상은 점점 밝아질 것입니다.

아프리카에서 선교 사역을 하시던 선교사님이 충성스럽게 사역을 하시다가 돌아가셨을 때, 그곳의 원주민들은 "당신이 올 때 이곳은 어둠이더니 당신이 떠나간 지금 우리는 빛 가운데 있습니다"라는 문구를 비문에 새겨 놓았다고 합니다. 그렇습니다. 빛은 어둠을 드러내고 몰아냅니다. 복음의 빛이 비치

면 죄가 드러나고 자신이 죄인임을 깨닫습니다. 그리고 빛의
복음을 받아들이면 생명의 빛을 얻습니다. 그러므로 세상의
빛으로 사는 것은 선교적인 삶을 사는 것입니다.

일어나라 빛을 발하라

이같이 너희 빛이 사람 앞에 비치게 하여 그들로 너희 착한 행실을 보고
하늘에 계신 너희 아버지께 영광을 돌리게 하라 _마 5:16

우리가 어두운 세상에 빛으로서 살아갈 때, 세상 사람들은
우리의 착한 행실을 볼 것입니다. 우리의 착한 행실을 본 세상
사람들은 "저 사람을 보니 하나님이 살아 계시구나!"라고 말할
것입니다. 이것이 바로, 하늘에 계신 너희 아버지께 영광을 돌
리는 것입니다. '너희는 세상의 빛이라'라고 하신 주님의 말씀
처럼 우리는 세상의 빛으로 살아야 합니다. 세상의 빛인 우리
는 주저앉아 있어서는 안 됩니다. 주님은 우리에게 "일어나라
빛을 발하라"(사 60:1)라고 하십니다. 빛을 발하려면 일어나야
한다는 의미입니다. 예수님은 38년 된 병자를 고치실 때 "일어
나 네 자리를 들고 걸어가라"(요 5:8)라고 하셨고, 베드로와 요
한도 일어서지 못하는 지체 장애인에게 "나사렛 예수 그리스

도의 이름으로 일어나 걸으라"(행 3:6)라고 했습니다.

우리도 마찬가지입니다. 우리도 절망의 자리, 분노의 자리, 골방의 자리에서 일어나야 합니다. 일어나야 희망의 빛, 용서의 빛, 치유의 빛을 발할 수 있습니다. 예수 그리스도의 빛이 우리에게 임할 때 우울함, 불안, 두려움이 사라지고 마귀의 간계가 수포로 사라질 것입니다. 우리에게 놀라운 치유와 회복이 임할 것입니다. 우리는 세상의 빛입니다. 일어서서 빛을 발하십시오.

이제, 삶으로 예배하라

롬 12:1

그러므로 형제들아 내가 하나님의 모든 자비하심으로 너희를 권하노니 너희 몸을 하나님이 기뻐하시는 거룩한 산 제물로 드리라 이는 너희가 드릴 영적 예배니라 로마서 12장 1절의 말씀은 '그러므로'로 시작합니다. '그러므로'는 앞의 내용에 대한 근거가 될 때 쓰는 접속사이므로, 로마서 12장에 대한 근거는 앞의 말씀 내용에서 찾아야 합니다. 바울은 로마서 1장부터 11장까지의 말씀에서 '예수를 믿음으로 의롭다 함을 얻는다'라는 '이신칭의'의 교리에 대해 말하고 있습니다. 그렇다면 로마서 12장의 근거는 로마서 1장부터 11장, 예수를 믿음으로 의롭다 함을 얻는다고 말하는 이신칭의일 것입니다.

로마서 1장부터 11장이 예수님을 믿어서 구원을 받는다는 '믿음'에 대한 내용이라면, 12장부터 이어지는 내용은 구원을 받은 하나님의 백성이 어떻게 살아야 하는지, 즉 '행함'에 대한 내용입니다. 다시 '그러므로'라는 접속사에 집중해서 살펴보면, 로마서는 "우리는 예수를 믿어서 구원을 받았다. 그러므로 구원받은 자답게 살아야 한다"라는 의미를 전달하고 있는 것입니다. 이를 통해 '믿음'과 '행함'이 분리될 수 없음을 알 수 있습니다.

하나님을 기쁘시게 하는 삶의 예배

그러므로 형제들아 내가 하나님의 모든 자비하심으로 너희를 권하노니

너희 몸을 하나님이 기뻐하시는 거룩한 산 제물로 드리라

이는 너희가 드릴 영적 예배니라 _롬 12:1

＼

사도 바울은 믿음으로 구원받은 형제에게 하나님의 자비하심을 근거로 하여 권면합니다. 은혜로 구원받은 자들이 억지로가 아니라, 마음에서부터 우러나오는 순종의 삶을 살길 원하기 때문입니다. 그렇다면 은혜로 구원받은 우리는 어떤 삶을 살아야 할까요?

구원받은 우리는 우리의 몸을 거룩한 산 제물로 드려야 합니다. 구약 시대에는 제사를 드릴 때 흠집이 없는 깨끗한 짐승을 잡아 제물로 드렸습니다. 그러나 이제는 더 이상 짐승을 잡아서 제사를 드리지 않습니다. 예수님께서 자신의 몸을 십자가 위에서 화목 제물로 드려 그 피로 영원한 속제를 이루셨기 때문입니다. 영적으로 죽어 있던 우리가 예수 그리스도로 인해 새로운 생명을 얻었기에, 우리는 우리의 몸을 하나님이 기뻐하시는 거룩한 산 제물로 드려야 합니다. 여기서 말하는 '몸'은 헬라어로 '소마'(σωμα)인데, 이는 육체가 아니라 사람의 인격 또는 전체를 의미하는 말입니다. 그러므로 너희 몸을 거룩한

산 제물로 드리라는 것은 너희의 삶을 거룩한 산 제물로 드리라는 의미로, 삶으로 하나님을 예배하라는 뜻입니다.

사도 바울은 예수를 믿어 구원받은 우리에게 하나님의 자비하심으로 권면합니다. 우리의 삶으로 하나님을 예배하라고 말입니다. 그렇다면 왜 우리는 삶으로 예배를 드려야 할까요? 그 이유는 하나님께서 삶으로 드리는 우리의 예배를 기뻐하시고, 이 삶의 예배가 하나님께 드리는 영적 예배이기 때문입니다. 구약 시대의 예배에서는 예배의 장소가 중요했습니다. 오직 성전에서만 제사를 드릴 수 있었습니다. 그러나 이제 구원받은 우리는 어디에서나 예배를 드릴 수 있습니다. 우리의 몸이 성전이기 때문입니다. 바울이 "너희는 너희가 하나님의 성전인 것과 하나님의 성령이 너희 안에 계시는 것을 알지 못하느냐"(고전 3:16)라고 말한 것에서 알 수 있듯이, 우리의 몸은 하나님의 성령이 임재해 계신 성전입니다.

삶으로 드리는 예배

너희 몸은 너희가 하나님께로부터 받은 바 너희 가운데 계신 성령의
전인 줄을 알지 못하느냐 너희는 너희 자신의 것이 아니라 값으로 산 것이
되었으니 그런즉 너희 몸으로 하나님께 영광을 돌리라 _고전 6:19-20

구원받은 우리의 몸은 성령의 전입니다. 성전은 하나님을 예배하는 곳이기에 성전이 된 우리는 우리의 몸으로 하나님께 영광을 돌리는 삶을 살아야 합니다. 하나님께 영광을 돌리는 삶이란 우리의 삶으로 하나님을 예배하는 것이고, 나의 삶이 예배가 되게 하는 것입니다.

주님의 이름으로 모여 드리는 공동체의 예배는 정말 중요합니다. 예배 중에 선포된 말씀을 통해 하나님을 만나야 세상에 나아가 영적 싸움에서 승리할 수 있고, 예배 안에서 받은 은혜로 세상에 나아가 빛과 소금의 역할을 할 수 있기 때문입니다. 그런데 여기서 우리가 잊지 말아야 할 것이 있습니다. 축도가 끝난 후 각자의 삶의 현장에 돌아가서 드리는 삶의 예배가 진정한 예배의 시작이라는 점입니다. 그렇다면 삶으로 드리는 예배는 구체적으로 어떤 것일까요?

▌최선을 다하는 삶

> 무슨 일을 하든지 마음을 다하여 주께 하듯 하고 사람에게 하듯 하지 말라 _골 3:23

삶으로 드리는 예배란, 모든 일을 주께 하듯 최선을 다하는 것입니다. 우리는 교회 안에서의 일은 거룩하고 세상에서 하는 일을 세속적인 것이라 착각합니다. 하지만 교회 안에서 하는 봉사든 세상에서 하는 일이든 똑같이 중요한 것이므로, 무슨 일을 하든지 주님께 하듯이 행해야 합니다.

그렇다면 모든 일을 주께 하듯 하는 삶은 무엇일까요? 이는 모든 일을 할 때마다 "주님이라면 어떻게 하셨을까?"라는 질문을 던지며 주어진 일에 최선을 다하는 것입니다. 공부할 때, 음식을 만들 때, 운동할 때, 다른 사람을 섬길 때 등 모든 순간에 주님을 의식하며 최선을 다해야 합니다. 우리 예수님도 최선을 다하는 삶을 사셨습니다. 공생애 시작 전의 기간에는 목수로서 최선을 다해 사셨고, 공생애 3년의 기간에도 최선의 삶을 사셨습니다. 최선의 삶을 사는 것이 최고의 삶이고, 이러한 삶이야말로 하나님께 드리는 최상의 예배입니다.

구별된 삶

삶으로 드리는 예배란, 구별된 삶을 사는 것입니다. 우리의 말, 생각과 가치관, 삶의 목적이 세상과 구별되어야 합니다. 악하고 음란한 세상에서 구별된 삶을 사는 것이 삶으로 예배를 드리는 것입니다. 로리 베스 존스(Laurie Beth Jones)의 『청바지를 입은 예수』라는 책에 이런 내용이 있습니다. 한 사람이 오리를 애지중지 키우고 있었습니다. 그런데 어느 날 오리가 물에 빠져 죽어 버렸습니다. 그는 수의사에게 찾아가 누가 오리를 죽였는지 물었습니다. 수의사는 이렇게 대답했습니다. "이 오리는 자신을 잘 돌보지 않았어요. 오리는 날개 바로 밑에서 나오는 특별한 방수 기름을 온몸에 발라야 합니다. 그런데 무엇 때문인지 이 오리는 그렇게 하지 않았어요. 그래서 물에 들어갔을 때 깃털이 물을 빨아들여 돌처럼 무거워진 거죠. 스스로 가라앉아 죽은 것입니다."

오리가 물에 빠지지 않고 떠 있을 수 있는 것은, 스스로 기름을 내어 자신의 몸에 바르기 때문이라고 합니다. 우리도 오리와 같습니다. 그리스도의 사람인 우리가 세상 속에 빠지지 않기 위해서는 준비된 기름으로 자신을 감싸야 합니다. '준비된 기름'이란 하나님의 말씀으로 전신 갑주를 입고, 예수님의 보혈로 마음을 적시며, 오늘 하루 내가 만날 사람과 감당할 일을 위해 기도하는 것입니다. 악으로 가득한 세상에 나아가기 위해서는 우리의 몸에 보호막을 씌워야 합니다. 말씀으로, 예수님의 보혈로, 기도로 말입니다. 그래야 세상 속에서 구별된 모습으로 하나님을 예배하는 삶을 살 수 있습니다.

삶으로 예배를 드리는 사람들

『불편한 편의점』이라는 베스트셀러 소설이 있습니다. 이 책은 편의점을 운영하는 70대의 엄 여사가 노숙자를 아르바이트생으로 고용하면서 일어나는 일을 다룹니다. 이 책에 나오는 엄 여사는 크리스천입니다. 그녀는 노숙자를 믿을 수 있겠냐는 주변의 우려에도 불구하고 노숙자에게 기회를 줍니다. 그 노숙자는 야간 아르바이트 업무는 물론이고, 늦은 밤에 찾아온 손님들의 고민을 들어 주고 그들에게 다시 일어설 용기를 줍니다.

이렇게 따뜻한 이야기를 쓴 김호연 작가는 오랜 기간 힘겹게 무명작가 생활을 해 오던 중, 권사님인 어머니와 함께 교회에 나가고, 성경을 암송하며 기도하기 시작했습니다. 그러다가 하나님의 섭리에 대한 이야기를 작품 속에 녹여 내고 싶어 『불편한 편의점』을 썼습니다. 요즘의 작품들은 자극적이고 반기독교적인 내용을 통해 사람들의 이목을 끕니다. 그래야 대중이 흥미를 느끼고 인기를 얻기 때문입니다. 이러한 시대적 흐름에도 불구하고 김 작가는 성경에 나오는 사마리아 여인을 생각하며 누군가에게 따뜻한 사랑과 위로가 되는 소설을 썼습니다. 김 작가는 하나님이 주신 달란트를 통해 자신의 삶으로 하나님을 예배한 것입니다.

삶으로 예배를 드리는 사람에 대한 또 다른 예화가 있습니다. 손을 다쳐 직장을 그만두고 마을 어귀에서 과일을 파는 행상이 있었습니다. 어느 날 한 손님이 못나고 상처가 있는 사과만 골라 담아 돈을 내고 사 갔습니다. 며칠 후, 그 손님은 다시 나타나 역시나 작고 못나고 상처가 있는 사과만을 사 갔습니다. 며칠 뒤 그 손님이 다시 나타났습니다. 행상은 그에게 물었습니다. "손님 이왕이면 좋은 것을 고르시지, 왜 못난 사과만 고르세요?" 그때 손님은 웃는 얼굴로 작고 못난 사과를 골라 담으며 이렇게 이야기했습니다. "이 사과도 맛있어요. 사장님은 예쁜 사과 하나라도 더 파시면 좋죠."

우리는 구별된 삶을 살아야 합니다. 주변의 사람들을 배려하고, 사랑하며 관심을 가지는 것, 이것이 구별된 삶입니다. 또한 남을 속이거나 거짓말하지 않는 것, 술과 담배를 하지 않고 몸을 거룩하게 하는 것도 구별된 삶입니다. 이러한 삶을 살아야 하는 이유는 내 삶이 예배이기 때문입니다. 우리는 왕 같은 제사장으로서 삶의 현장에서 내 몸을 하나님이 기뻐하시는 거룩한 산 제물로 드려야 합니다. 모든 일을 주께 하듯이 최선을 다하고, 세상과 구별된 모습으로 살아가는 것이 우리가 드릴 영적 예배입니다.

보라 새것이 되었도다

고후 5:17

그런즉 누구든지 그리스도 안에 있으면 새로운 피조물이라 이
전 것은 지나갔으니 보라 새 것이 되었도다

"왜 예수님을 믿는가?" 자신에게 던져 봐야 할 질문입니다. 내가 교회에 다니는 이유가 마음의 평안을 얻기 위해서인지, 몸과 마음을 치유받기 위해서인지, 형통한 삶을 누리기 위해서인지, 조금 더 선한 사람이 되기 위해서인지 아니면 취미 생활을 위해서인지 말입니다. 만일 이런 목적으로 예수님을 믿고 신앙생활을 하고 있다면 번지수를 잘못 찾았습니다. 이런 것들은 세상의 종교에도 있기 때문입니다. 물론 예수님을 믿으면 마음의 평안과 치유를 얻을 수 있고 조금 더 선해질 수 있으나, 이는 부스러기 축복일 뿐입니다.

누구든지 그리스도 안에 있으면 새로운 피조물이라

우리가 예수님을 믿는 이유는 새로운 피조물이 되기 위해서입니다. 물론 예수님을 믿는다고 갑자기 우리의 외모나 처한 환경이 바뀌지는 않습니다. 예수님을 믿어도 암에 걸리거나 교통사고를 당하고 실패를 경험할 수 있습니다. 그러나 중요한 것은 예수님을 믿으면 새로운 피조물이 된다는 것입니다. 그렇다면 새로운 피조물이 된다는 것은 무엇을 의미할까요?

▮부활의 생명으로 새로운 존재가 되는 것

새로운 피조물이 된다는 것은 예수님을 믿고 술과 담배를 끊거나, 욕을 하지 않게 되었다는 것과 같은 작은 변화를 의미하지 않습니다. 이전의 모습과는 완전히 다른, 새롭게 지음받은 존재가 되는 것을 의미합니다. 이때의 이전의 모습은 허물과 죄로 인해 우리의 영혼이 죽어 있는 모습(엡 2:1)을 말하고 있습니다.

태초에 하나님께서 우리 인간을 지으실 때 땅의 흙으로 지으시고 코에 생기를 불어 넣어 생령이 되게 하셨습니다. 이때 생령이 되었다는 것은 살아 있는 영을 지닌 존재가 되었음을 의미합니다. 영이신 하나님과 교제하고 친밀하게 사귈 수 있는 존재로 지으신 것입니다(창 2:7). 그런데 허물과 죄로 인해 우리의 영혼은 죽고 말았습니다. 영혼의 기능이 마비되어 하나님과 교제할 수 없는 상태, 즉 하나님과 단절된 상태가 되어 버린 것입니다.

> 하나님이 세상을 이처럼 사랑하사 독생자를 주셨으니 이는 그를 믿는 자마다 멸망하지 않고 영생을 얻게 하려 하심이라 _요 3:16
> 아들이 있는 자에게는 생명이 있고 하나님의 아들이 없는 자에게는 생명이 없느니라 _요일 5:12

하나님은 허물과 죄로 인해 영혼이 죽은 우리를 살리시려고 예수 그리스도를 이 세상에 보내 주셨습니다. 예수님을 믿는 자마다 멸망하지 않고, 영생을 얻게 하기 위해서 독생자이신 예수님을 보내신 것입니다. 그래서 사도 요한은 하나님의 아들인 예수 그리스도가 있는 자에게는 생명이 있고, 없는 자에게는 생명이 없다고 말합니다. 그렇습니다. 세상에는 예수님의 생명을 가진 사람과 예수님의 생명 없이 살아가는 사람이 있습니다. 예수님의 생명은 죄와는 무관하고 죽음을 이긴 생명입니다. 이 세상에 예수님이 오실 때 아담의 후손이 아닌 성령으로 잉태되어 오셨기 때문에 죄와 무관하고, 십자가에 달려 죽으셔서 죗값을 치르시고 부활하셨기 때문에 죽음을 이기신 생명입니다. 그러므로 예수님을 믿고 영접하면 우리는 죄와 무관하고, 죽음을 이긴 부활의 생명으로 다시 태어납니다. 이것이 바로, 새로운 피조물이 되는 것입니다.

▎새로운 신분을 갖는 것

예수님의 생명으로 새롭게 태어나는 순간, 우리에게는 두 가지 변화가 생깁니다. 첫 번째 변화는 신분의 변화이고, 두 번째 변화는 상태의 변화입니다. 상태의 변화는 사람마다 다를 수 있으나, 이와 상관없이 예수님을 믿는 모두에게 먼저 일어나는 변화는 신분의 변화입니다. 우리는 예수님을 믿기 전에

공중권세 잡은 자를 따르는 본질상 진노의 자녀였습니다. 예수님을 믿기 전, 즉 허물과 죄로 영이 죽어 있었을 때는 '이 세상 풍조를 따르고 공중의 권세 잡은 자를 따르는 자'(엡 2:2)였습니다. 이는 악한 영의 지배를 받으며 살았다는 것을 의미합니다. 또한 우리는 예수님을 믿기 전에 어떤 방법으로도 하나님의 심판을 피할 수 없는 '본질상 진노의 자녀'(엡 2:3)였습니다. 더 나아가 우리는 '하나님과 원수가 되었던 자'(골 1:21)였습니다.

> 영접하는 자 곧 그 이름을 믿는 자들에게는 하나님의 자녀가 되는 권세를 주셨으니 _요 1:12

그런데 예수님을 영접하여 새로운 피조물이 되는 순간 우리의 신분이 바뀌었습니다. 하나님과 원수였던, 본질상 진노의 자녀였던 우리가 하나님의 자녀로 신분이 바뀐 것입니다. 그리고 '종의 영'이 아닌 '양자의 영'을 받아, 하나님을 나의 아빠, 아버지라고 부를 수 있게 되었습니다. 하나님의 자녀가 된 우리는 하나님 아버지께 필요할 때마다 도움을 구하고, 그 도움을 받으며 신분에 걸맞은 삶을 살아갑니다. 하나님이 나의 아빠가 되고 내가 하나님의 자녀가 되는 것, 이것이 바로 새로운 피조물이 되는 것입니다.

▌새로운 비전과 사명을 갖는 것

예수님의 생명으로 새로운 존재가 되고, 하나님의 자녀라는 신분을 가지면 모든 것이 새로워집니다. 새로운 피조물에 걸맞은 삶을 살고, 새로운 목표와 가치관을 갖고, 새로운 비전과 사명을 갖게 됩니다. 그래서 사도 바울도 부활하신 주님을 만난 후 주님께 "내가 이르되 주님 무엇을 하리이까"(행 22:10)라고 물었던 것입니다. 하나님의 자녀라는 새로운 신분을 갖게 된 우리도 주님께 우리의 사명이 무엇인지 묻고 순종해야 할 것입니다.

▌이전 것은 지나갔으니

새로운 피조물이 된 우리는 새로운 비전과 사명으로 살기 위해 이전 것에 매이지 않는 삶을 살아야 합니다. 여기서 '이전 것'은 우리가 예수님을 인격적으로 만나지 못했을 때의 모든 과거를 말합니다. 우리에게는 모두 기억하고 싶지 않은 과거가 있습니다. 예수님과 교회에 대해 지니고 있었던 편견, 죄악의 습관, 사탄의 참소와 유혹에 빠졌던 일과 그로 인한 죄책감, 사람들로부터 받았던 상처, 열등의식과 낮은 자존감 등에 사로잡혀서 살았던 과거 말입니다. 이렇게 우리의 영혼을 강퍅하게 만들었던 모든 과거가 바로 '이전 것'입니다. 오늘날 많은 사람이 과거의 아픔과 상처에 매여 있고, 사탄의 참소로 인해 죄책감에 빠져 고통스러워합니다. 그런 우리에게 주님이 말씀하십니다. "이전 것은 지나갔노라!"라고 말입니다. 앞으로 "지나갈 것이다"라는 미래형의 문장이 아니라, 이미 "지나가 버렸다"라는 과거형의 문장으로 말씀하십니다. 여기서 "지나갔으니"의 헬라어 원문은 부정 과거형으로, 이미 지나가 버렸으니 다시 반복되지 않을 것을 의미합니다. 우리를 묶고 있던 모든 아픔과 상처, 죄와 죄책감이 이미 지나가서 반복되지 않는다는 위대한 선포인 것입니다. 그러므로 우리는 이미 지나간 과거에 매이지 말아야 합니다.

사탄은 과거 지향적인 존재입니다. 그래서 과거의 아픔, 상처, 실패, 죄를 가지고 참소하며 공격하여 우리가 과거에 매이게 합니다. 하지만 우리 하나님은 미래 지향적인 분이십니다. 주님은 예레미야 선지자를 통해 "너희를 향한 나의 생각을 내가 아나니 평안이요 재앙이 아니니라 너희에게 미래와 희망을 주는 것이니라"(렘 29:11)라고 말씀하십니다. 우리를 향한 하나님의 생각은 평안이고, 미래와 희망을 주는 것이십니다. 그러니 이전 것을 붙잡고 씨름할 필요가 없습니다. 포구에 묶여 있는 배는 아무리 노를 저어도 나아갈 수 없습니다. 이처럼 과거에 묶여 있는 사람은 결코 앞으로 나아갈 수 없습니다. 망망대해로 나아가기 위해서는 우리를 붙들고 있는 과거의 줄을 끊어야 합니다. 우리는 이제 새로운 피조물이 되었습니다. 붙들고 있던 과거의 줄을 끊어 버리고 앞으로 나아가야 합니다.

보라 새것이 되었도다

사도 바울이 "보라 새것이 되었도다"(고후 5:17)라고 한 것은 하나님의 은혜를 보라는 의미입니다. 그리스도 안에서 새로운 피조물이 되어 이전 것을 끊어 내고 새로운 인생을 살게 해 주신 하나님의 은혜 말입니다. 이때 "되었도다"의 시제는 완료형입니다. 과거에 이루어진 그 사실이 현재에도 계속되고 있음을 말합니다. 과거에 '새것'이 되었고 '새것'이라는 사실이 현재까지 이어지고 있다는 뜻으로, 현재 그 새로움을 경험하며 살수 있음을 말합니다. 하나님이 주시는 은혜로 새로운 피조물이 된 우리는 그 새로움을 느끼고 경험하며 살아갑니다. 하나님의 은혜는 날마다 새로운 것이고, 하나님이 주신 이 새로움은 시간이 지난다고 해서 희미해지거나 사라지지 않습니다. 그러므로 새로운 피조물이 된 우리는 과거에 매이지 말고 하나님이 주신 새로운 비전과 사명을 가지고 매일 당당하게 살아가야 할 것입니다.

누구든지 그리스도 안에 있으면

누가 새로운 피조물이 되는 축복을 누릴 수 있을까요? 성경은 "누구든지 그리스도 안에 있으면 새로운 피조물이라"(고후 5:17)라고 말합니다. 그리스도 안에 있으면 누구든지 새로운 피조물이 될 수 있습니다. 그리스도 안에 있다는 것은 그리스도와 신비적으로 연합하는 것을 말합니다. 예수님께서 "누구든지 내 음성을 듣고 문을 열면 내가 그에게로 들어가 그와 더불어 먹고 그는 나와 더불어 먹으리라"(계 3:20)라고 말씀하신 것처럼, 우리가 예수 그리스도를 믿고 영접할 때 그리스도와의 신비적인 연합이 이루어집니다.

예수 그리스도 안에 거하기 위해서 필요한 조건은 아무것도 없습니다. '누구든지' 그리스도 안에 있으면 새로운 피조물이 될 수 있다고 성경에서 말하고 있기 때문입니다. 누구든지 예수님을 믿고 영접하기만 하면 됩니다. 성경은 세리와 창기들이 예수님을 믿고 천국의 백성이 되었음을 기록하고 있습니다. 예수님이 사랑하시지 못할 죄인은 없습니다. 아무리 더럽혀지고 망가진 사람이라고 할지라도, 수많은 실패의 상처를 지닌 사람이라도 예수님을 믿기만 하면 새로운 피조물이 될 수 있습니다.

우리는 새로운 피조물이 되기 위해 예수님을 믿습니다. 예수님을 영접했기 때문에 새로운 피조물이 되었습니다. 새로운 피조물이 된 우리는 우리의 정체성에 대해 생각해야 합니다. 나를 이 세상에 보내신 하나님에 대해 생각하고, 하나님의 자녀로서 이 세상에서 어떻게 살아가야 하는지 말입니다.

당신이 기도했으면 좋겠습니다

또 나를 위하여 구할 것은 내게 말씀을

주사 나로 입을 열어 복음의 비밀을 담대

히 알리게 하옵소서 할 것이니 _엡 6:19

당신이 기도했으면 좋겠습니다

초판 1쇄 발행일 2023년 10월 30일

지은이 김은호

발행인 김은호
발행처 도서출판 꿈미
등록 제2014-000035호(2014년 7월 18일)
주소 서울시 강동구 양재대로81길 39, 202호
전화 070-4352-4143, 02-6413-4896
팩스 02-470-1397
홈페이지 http://www.coommi.org
쇼핑몰 http://www.coommimall.com
메일 book@coommimall.com
인스타그램 @coommi_books

ISBN 979-11-93465-08-0 03230

도서출판 꿈미는 가정과 교회가 연합하여 다음세대를 일으키는 대안적 크리스천 교육
기관인 사단법인 꿈이 있는 미래의 사역을 돕기 위해 월간지와 교재, 각종 도서를 출간
합니다.